JN411635

아, 조국

김진수 시조집

시와사람

아, 조국

■ 시인의 말

시는 쓰는 게 아니라 사는 것이다.

신월동 국군 제14연대 진남관 종산국민학교 애기섬수장터
마래터널 만성리 형제묘... 그날의 여순학살과 시리도록 아름다운 밤바다
그리고 오늘의 여수수산물특화시장
무자비한 단전단수로 생계가 끊긴 상인들의 아우성까지...
토착비리 내로남불 수구적폐 권력들에게 주먹도 쥐어보고
촛불도 들어봤다. 파업 현장에도 가봤다.
무구장터와 현충원 노근리도 가봤고, 제주도와 지리산에도 가봤으며
팽목항과 가창골 코발트광산과 거창, 광주 망월동에도 두루 다녀봤지만
어느 한 페이지도 그냥 덮을 수 없는 참절의 문장만 수북할 뿐이었다.

그들이 나를 시인이라 부를 때마다

수없이 읽고 배웠던 시와 시론들이 캄캄해졌다.

눈과 귀를 잃어버린 말재주가 참으로 부끄러웠다.

그래서 돌아왔다. 나를 찾아왔다.

아주 절실하게,

시는 어떻게 쓰느냐가 아니고 어떻게 사느냐였다.

결국, '시를 쓰는 시인보다 시로 사는 사람이 되고 싶었다!'

2021년 初夏 풀섬에서

김진수

차 례

2 로드 킬

4 무진교를 건너며

1

바람의 횡포

바람의 횡포

1,
비우고 버려야만 날 수 있는 저 행보
가벼운 입김에도 힘없이 무너진다
음산한 계절의 숲을 쓸고 가는 바람 앞에,

2,
내가 다 보았다
저 숲에 여린 가지
푸른 잎을 깨우고 흔들고 물들이고
언제는 부추기다가 사정없이 팽개치는,

3,
천벌이 마땅하다
너의 그 악행엔
두 눈 부릅뜨고 내가 지켜보았으니
하늘도 보았을 것이다. 버림받은 이파리,

단두대

오늘 아침 뉴스의 제목이 섬뜩하다
무시무시한 단두대가 부활되고 있음이다
자꾸만 두려워지는 이 기분은 무엇일까?

단두대는 위에서 내리치는 칼날이다
모가지를 잘라내는 무자비한 기관이다
자꾸만 서늘해지는 이 기분은 무엇일까?

어떤 자는 잃어버린 10년을 외치고
어떤 자는 새로운 민주주의를 주장한다
자꾸만 불안해지는 이 기분은 무엇일까?

촛불 들까 펜을 들까 아니면 주먹으로
일도양단 단두대를 어떤 걸로 막아낼까
자꾸만 막막해지는 이 기분은 무엇일까?

대한민국의 모든 권력은 국민에게 있으며
대한민국은 민주공화국임을 삼척동자도 알지만
맥없이 궁금해지는 이 기분은 무엇일까?

史記

양 날 벼린 검을 외날로 휘두르던

공안검사 출신의 유명한 변호사가

과거사 진상조사위원으로 버젓하게 승천했다.

소녀상 앞에서

오동나무 이파리가 가을비에 울고 있네
억울한 발걸음도 허적허적 울고 있네
또 한 번 위태로운 꿈 함께 꾸며 울고 있네

방문을 잠가 걸던 소녀처럼 울고 있네
양철지붕 두드리던 가난으로 울고 있네
옥양목 가녀린 어깨 소복소복 울고 있네

보상이니 배상이니 집어쳐라 울고 있네
절망으로 울고 있네 설움으로 울고 있네
짓밟힌 피눈물들이 그렁그렁 울고 있네

공작도시

직립으로 자라나는 도시의 뼈대들이
굽어지고 무너지는 착시의 아침마다
햇살을 얹은 바람이 빌딩 숲을 더듬는다

교회 종탑 꼭대기로 천국은 솟구치고
지상의 계단들이 어디론가 사라질 때
뛰어든 엘리베이터 오금들이 풀린다

얼기설기 가로막힌 행로를 찾아가다
민심도 떠나버린 공약들만 쌓이는 곳
잘려진 나뭇가지에 꽃 한 송이 부질없다

도둑고양이 한 마리가 퀭한 눈 번득이며
비릿한 그림자를 물어뜯는 골목 저편
뉴타운 재개발 빌딩 허공 높이 솟는다

적폐의 담

든든한 밑돌 고여 기단을 잡아놓고
얼굴돌, 잡음돌, 묶음돌, 속채움돌
그 위에 올려 앉혀진 덮게돌과 머릿돌

서로 다른 얼굴이고 서로 다른 몸뚱어리
크고 작은 생각까지 쓰임새는 각자라도
받들고 채워줌으로 만사불여 튼튼이다

적폐로 쌓은 담은 울타리가 될 수 없다
삐뚤어진 맞춤법도 견고한 엇물림도
모두가 제자리여야 믿을만한 담이다

바람도 그늘도 경계 없이 등에 업고
눈부신 아침햇살 온 누리에 가득하니
무너진 다무락에서도 홰를 치는 나팔꽃

청맹과니

가만히 눈을 감자 다시는 뜨지 말자
그래야만 푸르러 더더욱이 푸르러
하늘도 티 없이 맑아 눈이 부신 법이다

조용히 귀를 닫자 말도 글도 닫아걸자
그래야만 찌르르 더더욱이 찌르르
귀또리 그 귀또리가 깨어나는 법이다

눈감고 귀 닫아야 비로소 볼 수 있다는
그래야만 선명한 더더욱이 선명한
도솔천 육중한 대문까지 활짝 열어볼 참이다

로보트 물고기

하늘도 푸르고 산천초목 늘 푸르니
강물도 마땅하다 짙푸르게 흘러가라
오대양 육대주까지 녹차라떼 녹차라떼

그 숨통 더 얼마나 옥죄야 알겠는가?
살아있는 물고기 떼 모두 다 깨어나라
어마한 큰 빚 이끼벌레 눈덩이처럼 부푼다

심장과 통점 따윈 애당초 없었는데
가슴까지 뭐, 뜨걸 필요 있었겠는가
언필칭 국민의 뜻이라 꼬리치면 끝날 일

아, 조국

더 얼마나 짓밟아야 그 임무 끝나는가
그렁그렁 피눈물에 떨리는 저 목소리
도대체 당신네들은 어느 나라 충신인가

열댓 살 초경 꽃 달거리도 필 동 말 동
그 앞에서 진심으로 무릎 한 번 꿇었는가
돈 몇 푼 받아냈다고 불가역적 명령이라니

또 한 번의 침략이다 짐승들의 수작이다
뼛속까지 오염된 좀비들의 준동이다
조국을 배신하고도 떵떵거리는 족속이다

아! 조국이여 존심 없는 백성들이여!
헤이그에서 하얼빈에서 청산리서 상해에서
천만년 물려주고자했던 그 조국이 위험하다

왕거미 집

바람을 좇아가다 미혹에 빠졌습니다
이슬이 조롱조롱한 그 허망에 걸렸습니다
나비도 속았답니다. 부나방도 마찬가지

높고 높은 담벼락이 그렇게도 좋습니까
대들보 서까래는 확실하게 믿습니까
허공에 매달린 옥좌에 기둥뿌리는 있습니까

참으로 의뭉스럽게 그 집을 꿰찼어도
비바람 모진 풍파 겪을 만큼 겪었으니
혹시나 했었습니다. 기대한 게 우습지만

이제 그만 내려오세요. 불안해 죽겠습니다
모든 문을 걸어 잠근 소통 불가 철옹성에서
그만치 해 먹었으면 두 손 들고 나오세요

뽑아내도 뽑아내도 거짓뿌렁 끝이 없고
설키고 설긴 비리 실타래 채 뒤엉켜서
자꾸만 우지직거리는 적폐음이 겁납니다

꽃은 또 피겠지만

첫 번째 노심초사는 푼돈 몇 장이었다
가슴이 터질 듯한 어둠을 짓누르고
냉랭한 꽃샘바람에도 속절없이 흔들렸다

풍등처럼 부풀리던 청매화도 오밤중
숨소리도 조마조마 마른침만 삼킨다
함부로 내 뻗은 가지에 목 매달은 공작새

개나리 두견화 사꾸라꽃 만세 같은
새빨간 공약들을 갈피갈피 끼워놓아
다시금 펼칠 때마다 까막눈으로 읽힌다

추락 論

햇살 쪽 그늘 쪽 손바닥을 뒤집듯
이념과 표현의 자유 재단하는 재판정
편향의 망치 소리에 어지럼증 심했는지

시뻘건 손바닥으로 얼굴을 감싸 안은
대법정 담벼락에 담쟁이 이파리가
쿵! 하고
추락을 했다.
땅바닥에 떨어졌다

新 난중일기

일찍이 충무공께서 임진장초를 쓰셨다
이 땅의 후손들은 난중일기로 읽었고
드높은 우국충정을 그 안에서 배웠다

대동아 공영이라는 허울 좋은 침략 논리
하얼빈역 플랫폼에서 그 원흉을 쏴죽인
안중근 독립투사께 민족 혼을 배웠다

우리 역사와 정기는 이렇게 유구하고
3·1, 4·19, 5·18로 이어진 촛불혁명까지
아무리 짓밟힌다고 정신까지 썩겠는가?

시장통 길바닥에 평생을 쪼그려 앉아
허리띠 졸라매고 피눈물로 모은 재산
대동아 공영론처럼 사기 친 자 있었다

내 돈으로 땅 사고 내 돈으로 건물 짓고도
여수 수산물특화시장 상인들은 쫓겨났다
재산과 생존권마저 분탕질을 당했다

시인은 〈新 난중일기〉를 쓰기 시작했고
백성의 재산과 생계를 분탕질하는 자
그놈을 그 왜적같은 놈을 조또히로부미라고 칭했다

욕설의 시학

–카악, 퉤퉤퉤

은유도 묘사도 상징과 진실마저도
한날 말초신경이나 간지르고 배설하는
추잡한 잡여르 것들 용두질이 더럽다

태초의 심상과 갈고닦은 재주마저
권력과 욕망 앞에 스스로 무릎 꿇고
사람도 짐승도 아닌 정신 나간 제비뽕

염병 풋병 지랄 용천 호환마마 오구 잡귀
육시럴 쌧동가리 속창아리 없은 놈들
시커먼 똥주바리를 사정없이 걷어찬다

천태만상 니기미 개 부랄 상여르 것
직설과 욕설만이 너희들의 형상화다
똥오줌 가래침이라도 그 면상엔 아깝다

내생에 처음으로

당신을 만난 뒤 내생에 처음으로
꽃밭을 걷는 것 그조차도 두려워요
행여나 내 사랑까지 꺾여질까 봐서요

당신을 만난 뒤 내생에 처음으로
낙엽을 밟는 것 그조차도 두려워요
행여나 내 마음까지 밟혀질까 봐서요

당신을 만난 뒤 내생에 처음으로
눈길을 걷는 것 그조차도 두려워요
행여나 내 발자국이 흔들릴까 봐서요

당신을 만난 뒤 내생에 처음으로
두 눈을 감는 것 그조차도 두려워요
행여나 당신의 모습이 사라질까 봐서요

해무

앞도 뒤도 안 보인다 캄캄한 세상이다
모두가 바다고 모두가 하늘인데
진실은 통제되었고 정의마저 침몰했다

이따금 갈매기 울고 파도만 밀려들어
울퉁불퉁 갯바위 뒤통수나 휘갈긴다
보이는 것들은 모두 비겁하게 엎드렸다

선도 면도 사라져버린 무감각의 세계다
폐쇄된 시간 속에 갇혀버린 두려움을
깊숙한 심호흡으로 목청껏 외쳐본다

진실을 인양하라! 진실을 인양하라!
하!, 저 기적소리 여운조차 멍멍하다
세월호 그 통곡 소리는 끝도 없이 퍼진다.

2

로드 킬

로드 킬

그래, 치워라! 깨끗이 치우거라!
기꺼이 웃어주겠다 돌아보지도 않겠다
한번쯤 부딪쳐봤으니 미련두지 않겠다

그래, 뭉겨라! 실컷 깔아 뭉겨라!
깨지고 밟히고 부서지길 원한다면
차가운 땅바닥이라도 납작 엎드려 주겠다

그래, 죽여라! 마음껏 죽여 봐라!
눈감고 달려도 환해지는 길이라면
비명도 두려움도 없이 그길로 막 뛰리라

하얀 민들레

긴 군홧발 소리에 무참히도 짓밟힌

오월은 여전히 납작한 황토무덤

망월동 그 허름한 비석 아래

그래도 꼿꼿한,

그래도 꼿꼿한,

노숙

포플러 은행잎은 뿔뿔이 흩어지고

바람벽도 하나 없이 웅크린 지하도에

뒹구는 깡소주병만 냉가슴에 쌓인다

허수아비 이력서

한 가닥 빛줄기도 허용되지 않는다
씨줄 날줄 촘촘한 신경망으로 얽혀진
IT국 정보 감옥에 5910-01번

금융권 전산망에 신용은 제로등급
샅샅이 까발려진 나는 곧 허세비라
저당된 발목으로는 오무락도 할 수 없다

이 땅에 정자들은 이미 다 조작된 듯
반도체 꽃이 피고 자동차가 열린다니
참새도 유전자 변형의 신품종만 찾는다.

식용 돋보기

– 원료 및 함량

관심 밖, 내 시력은 1.5 1.5

물건 살 때마다 가격만 물었지
혀끝을 감도는 그 맛은 무엇이며
오줌발이 금세 노랗던 그 이유를
알지도 알려고도 해보지 않다가
좁쌀보다 더 작고 빼곡한 글자 속에
도무지 알 수 없는 희한한 용어들을
오늘 아침 문득 눈 비비고 보았네

돋보기 들이대고야 겨우겨우 읽었네

여순사건의 전말

1948년 10월 19일 저녁 8시 여수 신월동
제주도 파병을 대기하던 국군 제14연대
열 시에 출동 예정인데 비상나팔이 울렸다

무장한 병사들이 우르르 몰려나왔고
특무상사 지창룡이 연단에 뛰어올랐다
“우리는 동족상잔의 제주파병을 반대한다!”

“미제를 철퇴시키고 통일정부 수립하자!”
그들은 거침없이 병사들을 선동했다
그렇게 시작되었던 군사봉기 사건이다

새 고무신 신었다고 머리가 짧았다고
이쪽저쪽 분류해서 때려잡고 쏴죽이고
억울한 학살지에다 연좌시킨 침묵이다

김지회는 함경도 어느 고을 출신이었고
지창룡은 충청도 어느 마을 출신이었다
엄밀히 따지고 들자면 그렇다는 이야기다

북극성

아름다운 별빛들은 어둠이 배경이다
역적의 누명쓰고 파문도 겪었으며
머나먼 절해고도로 유배까지 당했다

먹구름도 밀려와 어둔 눈을 가리고
환한 달빛마저 그 어둠을 흔들어도
굳건한 마음자리에 적심(敵心)마저 풀렸다

우왕좌왕 갈팡질팡 치욕으로 짓밟히고
북풍한설 몰아쳐 길을 잃고 헤매었던
역사의 밤길에서도 영웅처럼 빛났다

일어나 찾아보라 똑바로 바라보라
그 눈빛 헛갈리고 아득한 길일망정
깜깜한 세상일수록 저 별빛은 옳았다

바다는

가없는 욕망이며 슬픔의 침전물이다
상처와 피눈물이 버무려진 먹물이다
그래서 바라다본다
그 이상은 아니라고,

더러는 치미는 분노 하얗게 일어선다
때로는 희망에 찬 기쁨으로 출렁인다
그래서 옷깃을 여민다
가난하지 않으려고,

탄생과 죽음의 태없는 자궁이다
자유와 환희의 생성이고 순환이다
그래서 기도를 한다
흑(黑)이 되지 않으려고,

거룩한 침묵이다 이해며 용서이다
너이고 나였으며 우리이고 함께이다
그래서 무릎을 꿇는다
가장 낮게 서겠다고,

절편

아무리 잘 골라낸
석발미라 할지라도
깨끗하게 씻고 불려 방아질을 잘해야
그 속살
순백의 사랑 찾아낼 수 있는 겨,

잉걸불 타오르고
시루 또한 깊더라도
뜨겁게만 끌어안은 고슬한 유대라면
극심한
떡메질쯤은 감수해야 하는 겨,

덩더쿵 더덩더쿵
치고 밀고 찰박지게
꽃구름 나비 앉혀 보드랍고 따뜻하게
이웃고
하해 비치는 동글납작 네 모습

여울목

사는 일이 느슨해져 어깨에 힘 빠질 때
큰소리를 내지르며 강가를 달려본다
팽팽히, 용솟음치며 내달리는 너를 좇아

세상 좁은 틈바구니 헤쳐 나와 여기까지
부딪쳐 몇 차례쯤 깨졌던 아픔이야
까짓 거, 소용돌이로 감아치면 그만이지

벼랑 아래 맴돌다가 이렇게 만난 우리
깨꽃 같은 저 물보라 물수제비 웃음으로
이쯤서, 맺힌 것 풀고 물살 따라 뒤채보자

그, 자리

우리 그날 마주보며 깊도록 껴안을 때
정겨운 너의 손이 깍지 끼던 그 자리
내 손은 닿지를 않아 그만큼이 가렵다.

쩌르르, 앙가슴에 불현듯 전해오는
무자맥질 심장소리에 사과 빛 물든 등 뒤
네 손길 지나간 자리 바람이 와 기웃댄다

그 여름 지나느라 소낙비 지쳐 울고
푸르던 내 생각도 발그레 단풍졌다
아직도 남은 온기로 강추위를 견딘다

떨켜

봄 여름 가을 겨울

꽃 피고 잎 진자리

다시금 엄동설한 총총한 그 눈동자

쫌만 더 기다려보자는 그 말씀이 맞지요?

2020 여수

이놈으로 저놈 막고
저년으로 이년 막고

이이제이 이이공이
난장판 쓰레기통

천불이 끓어오르네
지저분한 연등천

동백골

어느 세상 봄날인들 그저 그냥 왔겠는가
엄동에도 설한에도 피가 끓던 외침에도
한 꽃잎 흐트러짐 없이
낭자하다 저 숲길

아마도

내 안에 꼭꼭 숨은 아름다운 섬 하나
차마도 설마도 아무리 멀다해도
단박에 달려가 보는 그대 혼자 사는 섬

끝없이 밀려오는 수평선 파도 소리
가만히 들어봐도 바라보고 있어도
눈감고 고개 흔들어도 둥그렇게 떠오른 섬

의미의 심장

허수아비 뿌리라고 함부로 뽑지마라
팔다리 몸뚱어리가 너희들의 심장이다
하물며 뽑혀진 자린 어미마저 서룹다

비로소, 너

두 눈을 꼭 감고도 환하게 보이는 꿈
두 눈을 다 뜨고도 깜깜하게 꾸는 꿈
까무룩 잠들었다가 잊어질까 두려운 꿈

3

겨울나무

겨울나무

찬바람 정 떼임에 눈물마저 말라버린
마른 손 부석이며 떠나가던 주역들이
우르르 휘몰리다가 구석구석 밀려나네

연지곤지 곱단장에 오색금침 두루 피어
행복이란 무엇인가 즐거웁던 그 시절에
불렀던 사랑 노랜가 마른가지 목메이네

내 청춘 어쩌라고 무정하게 뿌리친 손
언제나 돌아와서 이 맘 다시 채우려나
눈시울 떨켜두셨네 가지가지 두시었네

쉰,

어디서 시작했고
어디에서 끝이 나며
가던 곳은 어디이며 남은 길은 얼마인가

도무지
떠오르지 않는 길목에
발자국 소리만
요란하다.

수박씨

늘어진 낮 졸음을 깨우는 확성기 소리
3천원에 '골라 골라' 골라서 사 들고 온
떨이요, 떨이미 수박
한 덩이 쪼개놓고

속살 한 입 베어 물다 맹탕에 젖은 가슴
씹기도 삼키기도 어정쩡한 입안에서
까맣게 맴도는 이것
내 생의 앙금 같은,

꾸석

찌어기, 내 마음에 딱 맞는 자리 하나
신문지 몇 장과 박스 두어 낱 주어오면
벽치고 자리를 깔아 하룻밤은 뉘겠다

벽과 벽이 만났으니 그늘 깊은 모서리다
고단한 몸뚱아리 등 기대어 풀어 주고
세상은 병나발 안주로 곱씹으면 될 일이다

찰나의 빛이거나 별이 들까 했던 자리
내려서면 영락없이 개밥그릇 자린 것을
멍청히 물고 뜯다가 이빨 빠진 내 청춘

더듬더듬

개미는 잰걸음 배짱이는 비짱배짱
독수리의 큰 날개와 꿈틀하는 지렁이
제 모양
제 뜻을 좇아
자기 길을 잘도 가네

연어는 꼬리치며 제 무덤을 찾아들고
나비도 기러기도 훨훨 청산 오갈 적에
나 혼자
미련하여서
가던 길을 헤맸었지

하찮은 미물들도 저마다의 걸음으로
땅속을 헤집고 강물도 거스르는데
함부로
분별하였던
어리석은 나를 보네

눈물겹지 못한 발길 무엇으로 향기롭고
뭉클하지 않는 세상 누구하고 웃겠는가
스스로

피는 꽃에게
무릎 꿇고 길을 묻네

하반달

내 어둠 꼭대기에 새벽달이 걸려있네
온 밤을 홀로 지샌 그리움도 외눈박이
어둠은 온 마음으로 기운 달빛 붙드네

반쪽으로 굴러야 할 세상 너무 쓸쓸해서
울퉁불퉁 한세월을 달래놓고 바라보니
어느새 등성 너머로 내 청춘이 기울었네

네가 사는 먼 곳으로 자꾸만 눈이 가네
그 약속 그 희망이 둥그렇게 차오르길
다시금 숨죽여보네, 아직도 반 남았으니

풀섬, 그리고 312번지

자꾸만 무너지는 기왓장 틈 사이로
와솔은 괘씸하게 꽃대를 치올리고
처마 끝 참새 떼들만 제 집인 양 바쁘다

그렇게도 비손하던 천지신명은 뉘신가
호롱불 내 걸었던 기둥 못도 녹슬었고
정한수 떠 올리시던 장꼬방도 텅 비었다

기운 집 모퉁이에 녹슬어간 연장으로
남새밭은 저 혼자서 밭을 갈고 씨 뿌리고
마당은 바람이 쓸고 동백꽃이 등 밝혔다

파랑도를 찾아서

어느 별을 찾아가던 고래였나 몰라, 너는
대양을 누비느라 깊어진 그 상처를
당기고 풀던 동아줄 항구만이 알고 있다

선창가 간드러진 젓가락 장단 맞춰
조기 떴다 부서 떴다 물때마다 끌어올린
초사리 새벽달이사 기울든지 말든지

마파람에 숨이 찬지 상앗대가 출렁인다
깡마른 별자리가 돛대 위에 걸린 채로
마라도 서남방 95마일 이어도산아 이어도

망망한 동지나해 푸른 물길 헤쳐가자
오색기 내걸어라 잠방잠방 배질이다
이까짓 파랑주의보 세찬파도 쯤이야

저, 벅수!

"살만큼 살았승께 어여가면 좋겄는디,
먼 놈의 낮도 밤도 이리 긴지 모르겄다"
혼자된 팔순 당고모 끝이 없는 비손이다

금쪽같은 씨종자를 늘그막에 얻었겄다

대학 나와 출세하면 호강요강 넘칠랑가, 오뉴월 물외처럼 잘 자라는 그 재미에 아낌없이 논밭 팔아 서울공부 시켜놓고 미국 유학 떠날 때도 남은 집 선뜻 팔아 벅수골 나래비집 즐거운 단칸방에, 콜라 한잔 빵 몇 조각 밥상마저 바꾸더니 이제나 저제나 속병만 키우셨나, 밀쳐둔 콜라잔이 엎어진 줄도 모르고 득달같이 일어나서 받아든 전화통에 "잘 먹고 잘 있으니 아무걱정 하지마라" 거짓말 통화는 밥 먹듯 하시면서,

사흘째 죽도 못 넘기고 화장실도 뿔뿔기는……

비린내 경전

날카로운 칼끝에서 어둠이 갈라진다
무뎌진 상념까지 단칼에 훑어진다
한 치의 오차도 없는 어머니의 손놀림

어판장 모퉁이에 새벽부터 쪼그려 앉아
쉬지 않고 긁어모은 참절의 문장들이
밥 한술 떠먹는 도마에 수북하게 쌓였다

내 안의 전라선

낯설고 빛이 바랜 한때의 선로 위로
녹슨 기차 바퀴가 숨 가쁘게 달려온다
깊어진 어둠만큼씩
버려야만 저무는 길

길 위에 혹 길 밖에도 막다른 길은 있지
열망에 들뜨던 것 사뭇, 갇힌대도
떠난다, 나를 찾아서
다시 못 올 그날 위해

그림자

가도 가도 끝이 없네 세상 속 휘황한 길
야단법석 아수라장 아무리 둘러봐도
그 사람 보이질 않네
불러 봐도 대답 없네

귀먹고 눈이 멀어 이 사람만 따라가네
한 사람 단 한 사람 그리운 그 사람이
행여나 이 사람이 아닐까
자꾸 뒤를 좇아가네

진달래

봄인 듯, 다시 겨울 종잡을 수 없는 세상
그 모진 엄동설한 어찌 다 견뎠길래
한 잎도 흐트러지지 않는 꽃잎들이 눈물겹네

언제나 제 설움에 얼어붙던 물관들이
오늘 문득 돌아가네 휘돌아 흘러가네
온 세상 산허리마다 굽이굽이 솟구치네

이런 날엔 더더욱 그리웠던 그 사람이
행여 당신 아니실까, 아니실까 아니실까
연분홍 꽃자리마다 금세 푸른 저 이파리

양파

잘 여문 양파껍질 햇살
햇살인 양 벗겨보니
한 번도 옹골지게 여물지 못한 내가
비로소 허물 한 겹을 가만히 들춥니다

어둠 속 웅크린 채 숨죽인 날들마다
씨눈 뜨는 소리만 톡톡톡 들리더니
이제사 그 설움 뚫고 온 가슴을 엽니다

겹겹이 둘러싸인 간절한 사람끼리
부대끼다 매워지고 눈물로 응어리진
그 세월 살아온 이야기 동그랗게 보입니다

바람벽

그만둘까 포기할까 아무 일 없었듯이
비닐봉다리 같은 약속 질질 끌고 와서
남몰래 눈물 쏟거나
발길질을 하고 간다

고개를 숙인 채로 한참을 서 있다가
힘없이 무너지는 또 한사람 벽이여
제발 좀 일어나보세요
저도 여기 있잖아요.

견딜 수 없었다는 변명 따윈 하기 싫어
그늘진 등짝으로 두 눈동자 가렸더니
차가운 바람벽에도
등 기대는 사람들

풀섬이야기

이서무 고래작지 정강리 돛섶으로
파장끝 수리망대 오릿너리 상술바구
섟머리 팔풍 대섟에 상괭이들 숨비소리

귓전에 웅웅대는 마파람 높새바람
원추리 억새꽃은 벼랑끝에 수평선
까막여 가마우지 떼 곤두박도 힘차다

친구도 사랑도 음풍농월도 적막하니
보고도 보지 못하고 듣고도 듣지 못한
풍랑의 바람개비만 끝도 없이 돌고 돈다

변산바람꽃

얼어붙은 나의 땅에 첫 꽃이 피어났다
무작정 달려가서 무릎 먼저 꿇었었다
하얗게 가슴 내주던 그 향기가 좋았다

찬바람 지는 날엔 너 혼자만 꽃이었다
훅 하니 그쪽으로 발길을 돌렸을 때
살며시 미소를 짓던 그 꽃잎이 그립다

문턱

다 비우고
더 버려야
홀가분해질 터인데
오늘도 욕심 가득 똥배를 채우고서
해우소 높은 문턱만 끙끙대며 넘는다.

산굼부리

붉새꽃이 만발한 저 하늘에 나도 갈래
어멍 아방 손잡고 영등바람 따라 갈래
촐랑생 뛰어서 갈래 쉬엉쉬엉 놀다 갈래

깊게 파인 분화구 구불텅한 능선 아래
울퉁불퉁 화산석 눈물 가득 울담치고
민들레 각시제비꽃 깨어나면 같이 갈래

4

무진교를 건너며

무진교를 건너며

너를 버려 나를 얻는, 기막힌 적막감이
때로는 화두처럼 어둠을 몰고 온다
그 오랜 경계를 풀고 바람이 와 눕듯이

수평으로 어우러진 저 여린 어깻죽지
농게들 귀가하는 갈대숲이 젖어들 때
저 멀리 누가 부르나 등 밝히는 먼 마을

운주사 와불

백팔번뇌 아비규환 기도소리 요란해도
들었는지 말았는지 일언반구 묵묵부답
저 와불 깊고 깊은 잠은 누가 와서 깨울까

깨어나라!
깨어나라!
득달같이 깨어나라!
천불 천탑 새운 뜻은 한 줄도 빼지 말고
불이문 활짝 열고서 아수라를 심판하라

운판소리 법고소리
용두어신 범종소리
목탁소리 풍경소리
묵언수행 염불소리
만백성 엎드린 등에 산그늘만 무겁다

느티나무 경전

천만년 사는 지혜 너에게 있었구나
날 불러 앉혀놓고 그 봄날 움이 트던
부러진 가지 끝 먼저 잎 풀어낸 모양으로

가슴앓이 자식 먼저 챙기시던 울 어머니
아름가지 그 몸뚱이 어느결에 다 살피나
여리고 상처 난 곳에 젖줄 먼저 물리셨네

아낌없이 다 퍼주고 허리 굽어 텅 빈 문체
밑둥치에 바람 들어 휑한 네가 읽는구나
내 마음 동구 밖까지 달려 나오는 목소리로

쇠별꽃 사랑

아침엔 꽃이 되고

저녁엔 별로 뜨는

그런 사람 한 사람 가슴 안에 품었으면

청천에

날벼락이 친들

엄동설한에 밤 깊은들

산 벚꽃 지던 날

꽃보다 여린 잎이 먼저 붉던 백두대간
말없이 꽃 진자리 다시 푸른 저 이파리
내 오랜 조바심들은 무슨 수로 달래볼까

행여나 이런 날엔 더더욱 그리워진
산 벚꽃 저 숲속엔 무슨 꽃잎 뿌렸을까
쉽사리 드러나지 않는 그 향기가 그립네

흐려진 거울 속에 얼어붙은 내 혈관이
부릅뜨고 돌아보네 무릎 세워 흘러가네
휘돌아 산골짝마다 울컥울컥 붉어지네

입동무렵

가을비 그치더니 단풍마저 우수수

귀밑머리 희끗희끗 흩날리는 바람결에

돋보기 벗어던지니 하늘빛도 푸르구나

능소화

나는 한 번도 왕 노릇을 못 해봐서

빗속에도 아랑곳없이 꽃을 피워 올리라는

저기 저,

담벼락 심사를

이해할 수 없네요

괭이밥

아스팔트 틈 사이 흙 한 줌 없는 세상
기어가다 밟히고 목마름 가득해도
낮은 땅
무릎걸음일망정
심간 하나는 편하지요

바람 잘 날 없다는 키만 큰 나무보다
납작하게 엎드려서 가슴 닳듯 살다보면
그래도
씨뿌릴 세상 하나쯤
어딘가는 꼭, 있지요

춘화도(春花圖)

님 그린 필묵인가 한 장 위에 또 한 장
꽃잎처럼 겹쳐보니 내 볼까지 상기하네
화르륵
숨차 오른 듯
허리 꺾는 꽃 매화

좋은 술로 취하자면 설중매도 산사춘도
홍주 백주 이강주에 복분자도 다 좋지만
발갛게
벙그러지던
그 입술만 하겠는가

먼 산 아지랑이는 잡힐 듯 잡힐 듯이
눈 녹고 새가 울어 꽃 본 날이 언제인데
세상사
다시 겨울인 양
꽃샘바람 무지하네

내 안의 함성

바닷길 헤아린다. 물굽이를 돌아보며
하늘바다 너른 품이 섬을 가득 보듬은 곳
남루한 생각을 벗고 나를 한껏 뉘어본다

물비늘 번뜩이는 바람꽃 향기하며
파도의 갈피마다 백의종군 하는 마음
여수여! 내 이마를 짚는 청잣빛 눈물이여

객사에 날 저물고 돌 아비 홀로 서서
망해루 달그림자 먼눈으로 굽어보니
윤슬은 수평선까지 곧 바른길 밝혀준다

거북선 닻을 내린 구비마다 한려수도
종고산 쇠북소리 일성호로 들리는 듯
다시금 벅차오른다. 내 안의 함성소리

오동도 가는 길

올올이 눈물사려 무늬 놓는 남도 천리
바람길도 천리라며 물빛꼬리 이어문다
길 위에
길을 놓치고
놓친 길을 돌아보니

낯 푸른 겨울바다 오동동 오동동동
성상으로 다다른 섬 단걸음에 환한 이 길
동백꽃
여전히 붉다
하늘엔들. 땅엔들.

해질무렵

저수지를 따라가는 가을 길 건너편에
수백의 항아리가 엎드려 참선 중이다
바람도 그 곁에 누워 기도하는 시늉이고

새털구름 깔아주는 하늘 뜻은 다 몰라도
조붓하게 밀려드는 가슴을 열어보니
그곳엔 꽃 이름 같은 동무들이 살고 있다

장독대 뒤에 피던 봉숭아 닮은 얼굴
눈감아도 암암하다 총천연색 필름이다
살갑게 닿았던 자리 설핏하게 가렵다

흙에서 태어나서 흙으로 가기까지
물과 불을 내 달려온 발자국 시린 길을
서로가 쓰다듬느라 불콰해진 저 놀빛

제주뱃사공

깃발은 어김없이 준비하고 나섰지만
만선이란 언제나 신기루에 떠있었다
차라리 담 밑에 웅크린 개 팔자가 나았다

외코와 쌍코의 맞춤법으로 전개되는
뱃사람들의 험한 욕과 거친 노랫소리
그것은 이데올로기도 혁명가도 아니었다

누가 꼬랑지고 누가 대가리였던가
그물코에 걸리고 낚싯바늘에 꿰이고
파도의 곤두박질은 끊임없이 이어진다

하루에도 수만 번 밀려왔다 밀려가는
아득한 망망대해 검푸른 파도소리
이번엔 어느 구렁비에 뱃머리를 맞대볼까

시시한 시

도대체 어디 가서 시를 만날 것인가
어떻게 쓰는 것이 시가 된단 말인가에
“고것 참, 배왔단 놈이 그런 것도 모르냐?”

언문(言文)을 배우신다 기어이 우기시는
한글학교 갓 입학한 일흔 여덟 울 어머니
“시옷에 짝대기 하나 빤듯이 끄서봐라!”

시옷에 짝대기를 빤듯이 끄서보니
사람(ㅅ)이 올곧은(ㅣ) 생각하날 부린다?
아뿔사, 이것이었네 네 모습이 시로구나

도루코

그 시절 개구쟁이 고무줄 끊어내던
도루코 주머니칼을 다시 한 번 손에 쥐고
뭉텅한 시인의 연필을 뾰족하게 깎는다

나 하나 별이 되어

나 하나 별이 되어 나 하나가 별이 되어
막막한 저 어둠을 걷어낼 수 있다면
온 마음 산산이 뿌려 반짝이고 반짝이고

나 하나 외침으로 나 하나의 외침으로
캄캄한 밤기도를 대신 할 수 있다면
이 목숨 다할 때까지 소리치고 소리치고

나 하나 촛불들어 나 하나가 촛불 들어
강요된 침묵들을 밝혀낼 수 있다면
이 한 몸 심지로 태워 불 밝히고 불 밝히고

나 하나 사랑으로 나 하나의 사랑으로
얼어붙은 겨울밤을 풀어낼 수 있다면
끝끝내 가슴을 열어 사랑하고 사랑하고

겁외사

옷깃만 스쳐가도 억겁의 인연이라
도대체 그 억겁은 얼마나 무궁하며
누구의 흔적이기에 이나 저나 아득한가

산은 산이고, 물은 물이라는데
어디로 흘러가서 어떻게 쌓일 건가
해우소 높은 문턱만 끙끙대며 넘는다

저 건너 반야봉은 잡힐 듯 잡힐 듯이
그 품 안에 틀고 앉은 면벽의 가부좌는
하여간 풀어내셨는지 돌아보는 겁외사

여수 세한도

오동도 갯바람에 동백꽃 붉어지고
검푸른 방한복들 겹겹이 두터운데
깡마른 억새풀잎만 꼿꼿하게 서 있네

|해설|

거룩한 침묵의 시간

-김진수 시조집 『아, 조국』

이 송 희
(시인, 문학평론가)

|해설|

거룩한 침묵의 시간
–김진수 시조집『아, 조국』

이 송 희
(시인, 문학평론가)

1. 바람이 분다

여전히 거리에는 거칠고 세찬 바람이 분다. 바람은 순식간에 소녀상을 흔들고 진실된 정보를 조작하고 왜곡된 풍문을 만들어 낸다. 바람은 형체도 없이 다가와 마른 숲의 "푸른 잎을 깨우고 흔들고 물들"이다가 어느 순간 "사정없이 팽개쳐"버리기도 한다. 작고 여린 잎들이 짓밟히고 뭉개지는 것을 속수무책 바라보고만 있을 수는 없다. 김진수 시인의 시는 이러한 바람의 횡포에 정면으로 저항한다. 현실의 부조리와 부정, 왜곡된 정보와 허울뿐인 풍속도를 비판하는 지점에 김 시인은 서 있다. 적자생존과 약육강식, 승자독식이라는 독점자본주의의 문제는 어제 오늘 일이 아니다. 이를 만회하고자 부자증세와 각종 복지정책을 펼치고 있지만 여기에서도 여전히 소외되고 억울하게 피해 받는 이들은 있다. 김진수 시인의 작품집 『아, 조국』(시와사람, 2021)에는 자본주의의 횡포와 그 이면에 숨은 온갖 거짓과 음모로 인해 소외받은 사람들과 동행하는 시인이 있다. 바람에 천장이 날아가고 벽이 무너지고, 바람이 휘저은 자리에 망연자실 앉아 있는 그들은 '나'이면서 '우리'다.

> 천벌이 마땅하다
> 너의 그 악행엔
> 두 눈 부릅뜨고 내가 지켜보았으니
> 하늘도 보았을 것이다. 버림받은 이파리,
>
> -「바람의 횡포」 부분

바람은 색채도 없고, 냄새도 없고, 형체도 없는, 무색·무취·무형의 존재다. 그것은 처음부터 비워져 있고 감춰진 상태다. 눈에 보이진 않지만 온갖 협잡과 사기, 모함과 위력으로 민중들을 괴롭힌다. 그래서 바람은 눈에 보이지 않는 악행을 저지르는 존재들을 은유한다. 김수영 시 「풀」에 등장하는 바람도 보이지 않은 곳에서 풀을 뒤흔드는 존재다. 온갖 끔찍한 만행을 일으키는 바람은 언제 어느 방향에서 불어올지 예측하기가 어렵다. 김진수 시인은 이 모든 바람의 악행을 "두 눈 부릅뜨고" 지켜보았다고 말한다. "하늘도 보았을 것"인즉, 바람은 천벌을 받아야 마땅하다고 확신하는 말 속에는 바람에 대한 분노와 적개심이 가득하다. "버림받은 이파리"로서 우리가 견뎌야 할 삶들이 여기 있다.

2. 여전히 슬픈,

오동나무 이파리가 가을비에 울고 있네
억울한 발걸음도 허적허적 울고 있네
또 한 번 위태로운 꿈 함께 꾸며 울고 있네

방문을 잠가 걸던 소녀처럼 울고 있네
양철지붕 두드리던 가난으로 울고 있네
옥양목 가녀린 어깨 소복소복 울고 있네

보상이니 배상이니 집어쳐라 울고 있네
절망으로 울고 있네 설움으로 울고 있네
짓밟힌 피눈물들이 그렁그렁 울고 있네
-「소녀상 앞에서」 전문

3수 각 장의 종결어미 모두가 "울고 있네"로 처리되어 있음을 볼 수 있다. 각 장의 마지막 음보는 현재형으로 여전히 진실이 밝혀지지 않아 억울하기만 한 위안부 할머니들의 마음을 상징적으로 표현하고 있다. 거기에 더해진 "허적허적", "소복소복", "그렁그렁"과 같은 부사어가 일제강점기 성노예로 강제 연행된 식민지 '소녀들'의 울음을 환기한다. 울음은 슬픔과 분노, 좌절의 의미를 함께 갖는다. 오동잎이 지는 계절이라 했으니 이 시의 배경은 가을이다. 가을은 수확의 계절이기도 하지만 소중한 대상을 떠나보내야 하는 상실의 계절이기도 하다. 그래서 모두 울음으로 연결되고 있는 듯하다.

더 얼마나 짓밟아야 그 임무 끝나는가
그렁그렁 피눈물에 떨리는 저 목소리
도대체 당신네들은 어느 나라 충신인가

열댓 살 초경 꽃 달거리도 필 동 말 동
그 앞에서 진심으로 무릎 한 번 꿇었는가
돈 몇 푼 받아냈다고 불가역적 명령이라니

또 한 번의 침략이다 짐승들의 수작이다
뼛속까지 오염된 좀비들의 준동이다
조국을 배신하고도 떵떵거리는 족속이다

아! 조국이여 존심 없는 백성들이여!
헤이그에서 하얼빈에서 청산리서 상해에서
천만년 물려주고자 했던 그 조국이 위험하다

-「아, 조국」 전문

지난 2015년 박근혜 정부는 위안부 문제를 위안부 피해자를 배제한 채 일본과 서둘러 합의했다. 당시 군 위안부 문제 관련, 한·일 합의사항에는 다음과 같은 내용이 있었다. 군의 관여 하에 다수 여성에 상처를 입힌 문제, 일본 정부는 책임을 통감함, 아베 총리는 사죄와 반성의 마음을 표명함, 한국 정부는 위안부 지원 재단 설립, 일본

정부는 예산으로 자금 일괄 거출, 일본 정부가 조치 착실히 이행하면 위안부 문제는 최종적 및 불가역적으로 해결, 소녀상 문제는 한국 정부가 관련 단체와 협의를 통해 적절히 해결하는 노력을 보이는 것이다.

그러나 당시 아베 총리는 위안부 문제와 관련하여 일본 정부의 책임을 공식적으로 인정하지 않았으며, 위안부 할머니들에 대한 직접적인 사죄나 반성의 마음도 표명하지 않았다. 나아가 위안부 문제 타협의 결정적인 문제는 위안부 피해자에게 아무런 동의도 구하지 않고 정부 차원에서 일본과 일방적으로 합의를 이끌어 냈다는 것에 있다. 일본이 유리한 방향으로 진행된 이 합의 상황의 기저에는 소녀상을 철거한다는 이면 합의나 논의가 있었다고 한다. 당시 박근혜 정부는 소녀상 철거에 있어서는 이면 합의가 없었다고 했지만 일본에서는 소녀상을 철거하고 더 이상 위안부 문제를 언급하지 않는 조건으로 10억엔(円)을 위안부 위로금으로 한국정부에 지급하겠다고 제안하였다. 국민들의 아픔이나 민족적 상처 등을 자존심도 없이 합의로 이어간 위안부 합의 문제가 현재에도 지속되고 있음을 지적한 시다.

박근혜 정부가 이런 선택을 한 이유는 1965년에 우리가 일본으로부터 피해를 많이 입었으니 배상을 해야 한다는 조건 하에 박정희 정부가 일본으로부터 막대한 자금을 받고 보상을 받았다는 한일청구권협정 때문일 것이다. 여기에는 일제강점기 때 우리나라에 저질렀던 모든 만행과 죄악에 대한 보상은 끝났다는 내용이 담겨 있다.

일제 강제 징역 노동자들에 대한 모든 손해배상을 완료했다는 것이다. 그러나 개인적인 문제 해결은 전혀 이루어지지 않았다. 그리고 위안부 문제는 1991년 김학순 할머니에 의해 최초로 세상에 알려지게 되었다. 이 폭로에 의해 1993년 일본에서는 일본정부에 의한 위안부 피해사실을 공식적으로 인정하는 고노 담화를 발표했다. 그러나 일본 정치인들은 한국의 여성들을 강제로 끌고 간 적이 없다고 부정했다. 민간 차원에서 이뤄진 인신매매라고 하며 잘못을 인정하려 하지 않았다. 2015년 박근혜 정부가 일본 우익 입장에 맞는 합의를 진행하면서 억울함은 더더욱 깊어만 갔다. 그리고 "위태로운 꿈" 속에선 여전히 위안부에게 폭력을 행사하는 일본군들이 왔다. "방문을 잠가 걸"어도 그들은 쳐들어와서 희망을 짓밟았다. 진정한 사죄나 뉘우침이 없는데 어떻게 과거사를 다 잊고 미래지향적인 삶으로 나아갈 수 있을 것인가?

긴 군홧발 소리에 무참히도 짓밟힌

오월은 여전히 납작한 황토무덤

망월동 그 허름한 비석 아래

그래도 꼿꼿한,

그래도 꼿꼿한,

-「하얀 민들레」 전문

민주화의 염원은 쉽게 꺾이지 않는다는 강한 의지를 짧고 굵게 표현하고 있다. 전두환 신군부 세력에 맞서 민주화를 외치던 광주 시민의 목소리는 여전히 살아 있다. 1980년 5월 광주는 단 한 마디의 사과도 받아내지 못하고 40년이 넘도록 신음하고 있다. 아주 적은 양의 흙이 있어도 정착이 가능한 민들레는 아무리 짓밟아도 꺾이지 않는 꿋꿋한 광주 시민의 5월 정신으로 은유된다. 무참히 짓밟혀 납작해진 황토무덤과 망월동의 허름한 비석이 여전히 1980년 광주의 5월, 무자비한 그날의 현장을 데려온다. 종장의 마지막 구에 "그래도 꿋꿋한,"이라는, 다소 긴 음보의 반복은 어떤 외부의 압력과 횡포에도 꺾이지 않는 시민의 정신을 표현하는 장치라고 할 수 있다.

3. 공작도시와 허수아비 이력

직립으로 자라나는 도시의 뼈대들이
굽어지고 무너지는 착시의 아침마다
햇살을 얹은 바람이 빌딩 숲을 더듬는다

교회 종탑 꼭대기로 천국은 솟구치고
지상의 계단들이 어디론가 사라질 때
뛰어든 엘리베이터 오금들이 풀린다

얼기설기 가로막힌 행로를 찾아가다
민심도 떠나버린 공약들만 쌓이는 곳

잘려진 나뭇가지에 꽃 한송이 부질없다

도둑고양이 한 마리가 퀭한 눈 번득이며
비릿한 그림자를 물어뜯는 골목 저편
뉴타운 재개발 빌딩 허공 높이 솟는다
-「공작도시」 전문

일반적으로 도시의 빌딩은 인간의 치솟는 탐욕을 표상한다. 하늘에 닿을 정도로 높이 쌓으려 하다가 신의 노여움을 사서 번개를 맞고 무너진 바벨탑과 그것으로 인해 사람들이 뿔뿔이 흩어지고 언어도 달라졌다는 구약성경의 이야기처럼 탐욕이 클수록 그 대가는 더 치명적이다. "직립으로 자라나는 도시의 뼈대들"은 한없이 높아만 가는 도심의 빌딩숲을 묘사한다. 빌딩이 높을수록 빌딩에서 소외되고 추방당하는 젊은 무리들이 있게 마련이다. 빌딩이 높다는 건 그만큼 진입 장벽이 더 높아졌다는 것을 의미하기 때문이다. 그렇잖아도 도시에서 괜찮은 집 한 채 구하기 어려운 현실인데 젊은이들은 사회생활을 시작하면서부터 빚에 시달리며 살아간다. 남아 있는 학자금 대출에 집 장만 대출이 이어지면서 평생 빚더미 속에서 살게 된다. 전세·월세를 감당해야 하는 상황에서 결혼은 꿈도 못 꾼다. 빌딩이 높아질수록 젊은이들은 빌딩 아래에서 허우적거릴 수밖에 없다. "지상의 계단" 대신 엘리베이터를 타고 오르는 사람들 틈에 길을 잃는 사람들이 많다. "얼기설기 가로막힌 행로를 찾아가"지만 집을 구하기는 힘들고 "민심도 떠나버린 공약들만" 쌓여간다.

'공작'은 어떤 목적을 위해 미리 일을 꾸미거나 물건을 만드는 행위다. 그래서 공작도시는 이미 가진 자들이 도시를 건설함으로써 자신의 지위나 권세를 견고하게 만든다. 정부는 부동산 투기를 하는 기득권 세력을 잡지 못하고 젊은 세대의 정부 이반(離反)을 일으켰다는 이야기다. 도둑고양이가 도시를 건설하는 기득권층이라면 비릿한 그림자는 거기에 희생된 젊은 세대들이다. 혹은 가지지 못한 자들일 수도 있다. 우리사회의 양극화 문제를 담고 있다. 자본주의 시스템에서 양극화는 극복해야 할 과제이지만 한 번 이루어진 계급 분화와 자본주의의 횡포는 쉽게 바뀌지 않는다. 돈이 있는 자는 더욱더 큰돈을 욕망하고, 돈 없는 자는 당장의 생존이 시급하다. 자본주의 시스템 자체가 이미 가진 자들을 위해 기능하고 있다. 그것을 극복하기 위해 부자증세를 적용하는 것이고 다양한 복지 정책을 펼치는 것이지만 그럼에도 한계가 있다. 여전히 "뉴타운 재개발 빌딩"은 높이 솟아만 간다.

한 가닥 빛줄기도 허용되지 않는다
씨줄 날줄 촘촘한 신경망으로 얽혀진
IT국 정보감옥에 5910-01번

금융권 전산망에 신용은 제로등급
샅샅이 까발려진 나는 곧 허세비라
저당된 발목으로는 오무락도 할 수 없다

이 땅에 정자들은 이미 다 조작된 듯

반도체 꽃이 피고 자동차가 열린다니
참새도 유전자변형의 신품종만 찾는다.

-「허수아비 이력서」 전문

허수아비 이력서는 신상이 다 까발려진 현대인의 슬픈 자화상이다. 실속 없는 이력서에 "씨줄 날줄 촘촘한 신경망으로 얽혀진" 정보들은 모두 사실일까? "IT국 정보감옥"에 우리의 개인신상 정보들의 일부는 우리의 의지와 관계없이 기록된다. 그런 정보가 진실만을 담고 있는 건 아니겠지만 그런 기록 때문에 화자는 블랙리스트에도 등재됐을 것이고 보이지 않은 정보 감옥에 수감됐을 것이다. 금융권 혹은 공공기관에 떠돌고 있는 정보는 사실만을 이야기하지는 않는다. 마치 진실인 것처럼 위장되고 왜곡된 정보로 누리꾼들의 관심을 끌고 기득권을 지키기 위해서 날조된 뉴스를 만들고 조작된 정보까지 유통시키는 것이다.

"금융권 전산망에 신용은 제로등급"이라고 "샅샅이 까발려진" 그는 허세비다. "저당된 발목으로는 오무락도 할 수 없다" 믿을 수 없는 정보로는 움직일 수가 없는 것이다. "이 땅의 정자들"도 이미 다 조작된 듯 보이고 반도체엔 꽃이 피고 자동차가 열리는 왜곡된 세상이다. 반도체는 식물도 아닌데 꽃이 피고 자동차 역시 꽃이 아닌데 열린다고 표현했다. 유전자변형이라는 말 자체에서도 알 수 있듯 원본에서 벗어난, 변이 혹은 날조에 의해 만들어진 거짓 정보라는 의미가 담겨 있다. 왜곡된 개인 신상정보나 변형으로 꾸며진 정보에 길들여진 참새들까지도 식성이 변했다.

인간의 본질조차도 무시된 유전자 변형의 재료로 만들어진 정크푸드 같은 정보의 난립으로 아날로그적 인간들은 제대로 살아갈 수가 없게 됐다. 부정에 의해 존재 자체를 부정당한 현실도 문제지만, 우리에겐 가짜 정보에 대한 분별력과 각성이 부족하다는 것도 문제다. 참새들도 가짜는 금방 알아챈다. 무조건 눈앞의 정보만 믿어 버리고 왜곡된 보도만 신뢰하는 우리의 자세도 되돌아봐야 할 때라는 일침이 담긴 시다.

4. 여전히, 방황

어디서 시작했고
어디에서 끝이 나며
가던 곳은 어디이며 남은 길은 얼마인가

도무지
떠오르지 않는 길목에
발자국 소리만
요란하다.

-「쉰,」 전문

시적 화자는 시작과 끝도 모르고 어디에 서 있는지도 모른 채 여태 방황 중이다. 그런데 발자국 소리만 요란하다. 어디든 허둥지둥 가고 있는데 어디로 가는지 알 수가 없는, 힘든 삶의 연속이다. 시의 제목은 '쉰'(나이)과 '쉰'(休)의 의미가 중첩된 언어유희를 보여준다. 나이 오십을 지천명(知天命)이라 한다. 비로소 자신의 카르마(karma)를 알게 되는 나이란 의미다. 그러나 시적 화자는 인생 오십에도 어디로 가고 있으며 어디로 가야할지 모르고, "가던 곳은 어디이며 남은 길은 얼마인"지 알지 못한다. 아직도, 몹시, 여전히, 방황하고 있는 화자에게 여전히 길은 답을 주지 못한다. "도무지 떠오르지 않는 길목에"선 화자의 상황과 스스로에게 질문할 수밖에 없는 상황이 더 고달프다. 남은 길을 헤아리는 것 자체가 이 순간을 빨리 마무리하고 싶다는 의미이기도 하다. 그래서 그는 낯설고 빛바랜 시간을 되돌려 보는 것일까?

> 낯설고 빛이 바랜 한때의 선로 위로
> 녹슨 기차 바퀴가 숨 가쁘게 달려온다
> 깊어진 어둠만큼씩 버려놓고 저무는 길
>
> 길 위에 혹 길 밖에도 막다른 길은 있지
> 열망에 들뜨던 것 사뭇, 간힌대도
> 떠난다, 나를 찾아서 다시 못 올 날을 위해
>
> -「내 안의 전라선」 전문

전라선은 시적 화자가 태어나고 자랐던, 뿌리로 향해 있는 곳이다. "한때의 선로"라 했으니 지금은 기차가 다니지 않는 선로라는 의미가 되겠다. 시간이 흐른 만큼 빛

바랜 선로 위로 녹슨 기차가 숨 가쁘게 달려온다. 한동안 잊고 지냈던 시간과 공간을 다시 불러오는 것일까. 어차피 기차는 과거를 버리고 앞으로만 가는 존재다. 그래서 "깊어진 어둠만큼씩 버려야" 한다. 그렇게 저무는 길을 두고 기차는 앞으로만 달린다. 어두워진 만큼 가려지니 잊힐 수밖에 없다. 그러나 "길 위에 혹 길 밖에도 막다른 길은 있다." 막다른 길을 뚫고 가면 다시는 돌아올 수 없다는 걸 알면서도 화자는 "나를 찾아서" 다시 돌아오지 못할 그 길을 가려 한다. 자신의 내면세계를 형성함에 있어 고향은 많은 영향을 주었을 것이다. 육신뿐만 아니라 영혼과 마음을 키웠던 곳인데, 한동안 찾지 않았으니 낯설고 빛이 바래 있을 수밖에 없다. 그런데 숨 가쁘게 기차가 달려온다. 자신의 뿌리를 찾아가는, 원시반본(原始反本)의 극적인 순간을 맞닥뜨린 것이다.

이 시집에서 만나는 화자는 아직 길 위에 서 있다. 바다를 보면서 용서와 이해의 삶을 알고, "가만히 눈을 감자 다시는 뜨지 말자"(「청맹과니」) 다짐하고, 또 "멍청히 물고 뜯다가 이빨 빠진 내 청춘"(「꾸석」)을 마주하며 성찰도 해보지만, 여전히 화자는 마음을 다 비워내지 못한 듯하다.

반쪽으로 굴러야 할 세상 너무 쓸쓸해서
울퉁불퉁 한세월을 달래놓고 바라보니
어느새 등성 너머로 내 청춘이 기울었네

네가 사는 먼 곳으로 자꾸만 눈이 가네
그 약속 그 희망이 둥그렇게 차오르길
다시금 숨죽여보네, 아직도 반 남았으니

-「하반달」 부분

보통 새벽은 아침이 금방 밝아올 때로 곧 찬란한 해가 떠오르기를 참고 기다리는 시간을 의미한다. 시련과 역경이 얼마 남지 않고 아침 해가 곧 떠오른다는 것인데 여기서는 그런 희망보다는 "아직도 반"이나 남은 길 앞에서 숨죽여 살아야 한다는, 다소 힘든 삶을 보게 한다. 화자의 삶은 절반의 달에 비유된다. 온전한 모습을 갖추지 못한 자신을 반쪽 달에 빗대어 표현한 것이기도 하고 아직 반이나 남은 삶을 이야기하기도 한다. 그러나 절망하기엔 이르다. "깜깜한 세상일수록 저 별빛은 옳았다"(「북극성」)는 걸 알았기 때문이다.

5. 가장 낮게 서겠다는 다짐

쩌어기, 내 마음에 딱 맞는 자리 하나
신문지 몇 장과 박스 두어 날 주어오면
벽치고 자리를 깔아 하룻밤은 뉘겠다

벽과 벽이 만났으니 그늘 깊은 모서리다
고단한 몸뚱아리 등 기대어 풀어 주고
세상은 병나발 안주로 곱씹으면 될 일이다

찰나의 빛이거나 별이 들까 했던 자리
내려서면 영락없이 개밥그릇 자린 것을
멍청히 물고 뜯다가 이빨 빠진 내 청춘

-「꾸석」 전문

구석(狗席)은 개가 앉는 자리로, 그늘지고 남의 눈이 잘 띄지 않는 곳이다. 가운데 자리는 사람 눈에도 많이 띄고 외부 공격으로부터 안전하지 못할 뿐만 아니라 위치도 잘 노출되기 때문이다. 각광받거나 돋보이는 자리는 아니지만 자기를 보호하고 지킬 수 있는 자리가 구석이다. 말하자면 편하게 신세한탄 할 수 있는 자리다. 다소 열악해 보이는 구석은 "내 마음에 딱 맞는 자리"였던 것이다. 시인은 한사코 그 자리를 찾아서 신문지 몇 장과 박스 두어 낱으로 자리를 편다. 시는 쓰는 것이 아니라 사는 것이라고 믿고 있는 자리"그늘 깊은 모서리"엔 빛이 잘 들지 않지만 "고단한 몸뚱아리 등 기대어 풀어 주" 었던 구석은 여전히 화자의 영역이다. 마음에 들지 않은 "세상은 병나발 안주로 곱씹으면 될 일이"라 생각하며 여태 삶을 버텼건만, "찰나의 빛이거나 별이 들까 했던" 조금의 기대는 화자를 더 구석으로 몰았다. 평생 화자는 그 구석에서 세상과 사람을 기다리다 좋은 시절을 다 보내고. 한탄과 분노, 적개심 가득한 마음을 풍자와 해학으로 풀어내며 앉아 있다. "멍청히 물고 뜯다가 이빨 빠진" 청춘 하나가 구석에 쪼그리고 있다.

가만히 눈을 감자 다시는 뜨지 말자
그래야만 푸르러 더더욱이 푸르러
하늘도 티 없이 맑아 눈이 부신 법이다

조용히 귀를 닫자 말도 글도 닫아걸자
그래야만 찌르르 더더욱이 찌르르
귀또리 그 귀또리가 깨어나는 법이다

눈감고 귀 닫아야 비로소 볼 수 있다는
그래야만 선명한 더더욱이 선명한
도솔천 육중한 대문까지 활짝 열어볼 일이다

–「청맹과니」 전문

눈을 감아야 더 맑고 눈부신 법이라는 역설적 표현이 눈길을 끈다. 눈을 감아야 진실이 보이고 귀를 닫아야 진실이 들린다는 역설의 미학이 여기에 있다. 『도덕경』에는 아름다운 것을 보고 아름다운 냄새를 맡고 아름다운 소리를 듣고 맛을 느끼는 것 자체가 인간을 자연의 질서에서 멀어지게 하는 것이라고 이야기한 바 있다. 사리에 밝지 못해서 눈을 뜨고 있어도 사물을 제대로 분간하지 못하는 사람을 일컫는 청맹과니의 삶은 진실을 보기 위해 눈과 귀가 어떻게 기능해야 하는지를 깨닫게 한다. 도솔천은 미륵불이 사는 천상세계인데, 눈감고 귀 닫아야 하늘세계까지 닿을 수 있다. 플라톤이 이야기한 이데아 IDEA의 세계가 여기 있다.

결코 지상에서는 이상적인 꿈이 이루어지지 않는다. 선

택적 지각이론에 의하면 사람은 누구나 자신이 보고자 하는 것만 보며, 듣고자 하는 것만 듣는다고 했다. 그래서 온전하게 진실을 보는 사람은 극히 드물다. 눈 감고 귀 닫았을 때 진실이 보인다는 것은 지금 우리 앞에 펼쳐진 모습이 있는 그대로가 아니라는 것이기도 하다. 보는 행위와 듣는 행위 자체가 인간의 의지가 개입된 것이고 어떤 입장 즉 위치성이 개입된 것이기 때문이다. 자기 욕망에 맞게 세상을 보고 소리를 듣는 것이지, 순수하게 보고 듣지 못하는 것이다. 우리는 전체를 보지 못한다. 이 시는 진정성을 보지 못하는 인간의 비좁은 시야를 비판한다. 눈을 감고 귀를 닫고 자신을 바라보는 성찰의 과정을 먼저 만난다면 세상과 타인에 대한 진실 된 모습을 볼 수 있지 않을까.

가없는 욕망이며 슬픔의 침전물이다
상처와 피눈물이 버무려진 먹물이다
그래서 바라다본다
그 이상은 아니라고,

더러는 치미는 분노 하얗게 일어선다
때로는 희망에 찬 기쁨으로 출렁인다
그래서 옷깃을 여민다
가난하지 않으려고,

탄생과 죽음의 태없는 자궁이다
자유와 환희의 생성이고 순환이다

그래서 기도를 한다
흑(黑)이 되지 않으려고,

거룩한 침묵이다 이해며 용서이다
너이고 나였으며 우리이고 함께이다
그래서 무릎을 꿇는다
가장 낮게 서겠다고,

-「바다는」 전문

바다는 상처와 (피)눈물, 욕망 등을 모두 받아들이는 존재다. 가장 낮은 곳에 있으니 다 받아들일 수 있는 것이다. 삶과 죽음의 고리, 그 시작과 끝이 바다다. 바다는 삶에서 죽음으로 죽음에서 삶으로 이어지는 아주 결정적인 순간이자 매듭의 역할을 한다. 모든 것을 다 품고 모든 것을 길러내는 존재로서의 바다를 화자는 마주한다. 모든 생명은 물에서 왔다. 오만하지 않고 겸손하게 모든 것을 포용하고 끌어안는 바다의 정신을 화자는 바다를 보면서 배운다. "더러는 치미는 분노"가 파도의 포말처럼 하얗게 일어서고, "때로는 희망에 찬 기쁨으로 출렁"이는 바다 안에서 화자는 "가난하지 않으려고" 옷깃을 여민다. "탄생과 죽음의 태없는 자궁"으로서의 바다는 인생의 희노애락을 품으며 끊임없이 순환한다. 그것은 "거룩한 침묵"이며 "이해며 용서"의 자세다. "너이고 나였으며 우리이고 함께"였던 삶이다. 스스로 거룩해져야만 자신이 저지른 죄악(罪惡)과 허물을 인지할 수 있다. 거룩해지기 위해서는 자신과 타인 사이의 단절이 사라져야 한다. 경계와 단절이 있으면 타인에게 가해지는 폭력과 고통에 대해 소통하고 공감할 수 없기 때문이다.

아우슈비츠 수용소에서 학대받고 학살당하는 유대인들을 보면서 초연한 태도를 일관적으로 보여주었던 나치의 부역자들이나 일제 강점기 식민지 백성들을 고문하고 학대하며 학살했던 일제 부역자들 또한 자신들과 상관없이 그저 저들에게 일어난 비극이며 불행이라는 인식을 품었다. 그들은 자신이 그들과는 입장이 다르며, 또 자신이 그들과 단절된 존재들이라는 인식에서 그토록 죄의식 없이 끔찍한 만행을 저지를 수 있었던 것이다. 거룩해야 자신의 허물을 보고 뉘우칠 수 있고 깨우칠 수 있는 계기가 마련된다. 거룩해진다면 세상을 대하는 태도가 곧 자신을 대하는 태도라는 인식이 생긴다. 거룩해지지 않으면 세상의 죄악과 허물을 볼 수 없다. 이 시는 그것이 혼자만의 힘이 아닌, 다 같이 결속하고 연대해야 가능하다는 것을 보여준다. 가장 낮은 곳에서 모든 것을 받아들이고 품는 존재로서의 바다 앞에서 무릎을 꿇으며 화자는 다짐한다. 마음을 비워내고 "가장 낮게 서겠다고".

다리는 보통 경계를 넘나들게 해주는 수단이다. 화자는 경계를 풀고 저 멀리 빛나는 마을까지 갈 수 있게 해주는, 무진교를 지난다. "견딜 수 없었다는 변명 따윈 하기 싫어/ 그늘진 등짝으로 두 눈동자 가렸더니/ 차가운 바람벽에도/ 등 기대는 사람들"(「바람벽」)과 "시옷에 짝대기 하나 빤듯이"(「시사한 시」) 그어 올곧은 생각을 부려내고 있는 시인의 발걸음이 비로소 환하다.

너를 버려 나를 얻는, 기막힌 적막감이
때로는 화두처럼 어둠을 몰고 온다
그 오랜 경계를 풀고 바람이 와 눕듯이

수평으로 어우러진 저 여린 어깻죽지
농게들 귀가하는 갈대숲이 젖어들 때
저 멀리 누가 부르나 등 밝히는 먼 마을

-「무진교를 건너며」 전문

김진수 시조집

아, 조국

2021년 7월 10일 인쇄
2021년 7월 20일 발행

지은이 | 김진수
펴낸이 | 강경호
인쇄 · 기획 | 도서출판 시와사람
등록 | 1994년 6월 10일 제 05-01-0155호
주소 | 광주시 동구 양림로119번길 21-1(학동)
전화 | (062)224-5319
팩스 | (062)225-5319
E-mail | jcapoet@hanmail.net

ISBN 978-89-5665-603-8 03810

값 10,000원

*잘못된 책은 바꾸어 드립니다.
*이 책은 전남문화관광재단에서 지원받아 제작되었습니다.

공급처 ■ 한국출판협동조합

경기도 파주시 적성면 가월리 1859-9 한국출판협동조합 적성물류센터
주문전화 (02)716-5616, 070-7119-1740

벽 속의 그리움

이남근 시집

시와사람

이남근 시집

벽 속의 그리움

2023년 4월 20일 인쇄
2023년 4월 25일 발행

지은이 | 이 남 근
펴낸이 | 강 경 호
인쇄 · 기획 | 도서출판 시와사람
등록 | 1994년 6월 10일 제 05-01-0155호
주소 | 광주시 동구 양림로119번길 21-1(학동)
전화 | (062)224-5319
팩스 | (062)225-5319
E-mail | jcapoet@hanmail.net

ISBN978-89-5665-668-7　　03810

값 12,000원

· 잘못된 책은 바꾸어 드립니다.

공급처 ■ 한국출판협동조합
경기도 파주시 적성면 가월리 1859-9 한국출판협동조합 적성물류센터
주문전화 (02)716-5616, 070-7119-1740

벽 속의 그리움

■ 自 序

사라지고 흘러간다
고맙고 애틋하다

진주가 되지 못한 상처
스쳐가는 단상들

달그락달그락
어쭙잖다

몸부림은
결핍으로부터 자유로움을 꿈꾼다.

2023년 봄
이남근 삼가

차 례

2 낙수

3 그대와 나에게

4 옷을 벗고

1

달개비꽃

달개비꽃

파란 심장에 하늘 가두고
구애받지 않고 피어난
논두렁 물가 달개비꽃

인정 없는 햇살에
느릿느릿 반항하는
민달팽이 한 마리 들어 올린다

성큼 내려앉은 하늘빛
물들어버려
아무도 모르는 사연
백로만 물끄러미 내려다보고 있다.

울림

아이가
목청껏 울면

엄마가
깜짝 놀란다

미래는 울음
현재는 놀람.

백목련

굳어져 가는 슬픔
씻김굿으로
달래본다

가냘픈 그리움마저
숨비소리로
뿜어나온다

사랑은
시샘의 비수에
온기를 잃어도

가쁜 숨 몰아
하얀 눈물 떨구며
봄날 마중한다.

치자꽃

애끓는 구애는 상앗빛

뭉클한 눈물로 젖 봉오리는
바다를 향하고 있는데

발걸음은 몽환적이고
산들바람 즐겁다

고즈넉이 보듬는 순간

하얀 배냇저고리
젖 내음에
파도는 쌔근쌔근 졸고 있다

풀꽃

죽은 자들이 수놓은 시간이
별이 되고

별들이 수놓은 시간이
탄생이 되어

속삭이는 풀들
생동하는 바람의 심술에도

자기만의 멋으로
소중하게 피어난 꽃

불 밝히지 못하고 떨어지는
별똥별
그 못다 한 사랑으로 불 켜면

연민 속 기다리다가
가냘픈 꽃대 밀어 올려

숨은 꽃 꺼내고
웃음 웃고 있다.

찻잎

혀를 내밀어
어미의 먹이 기다리는
갈망의 언어

간밤 달빛의 애타는 사랑과
별들의 꿈이
이지러지는 시공 속

호기심은 어린 치어로
어미의 아가미에
생을 맡기고

블랙홀처럼
껍데기를 날려버리고
의미만을 빨아들여

광대무한한 우주를 향한 일상에서
지옥문을 통과하는 고행으로
태어난 아포리즘.

봄비

환희 녹이며
엄중함으로 내린다

박수로 화답하며
싹터 오르는 초목

이 자리에 초대한
하염없는 발걸음들

저 비의 숭고함에 압도되어
저절로 갇힌 나

흠뻑 젖어도
좋을 추억이 있어

누르는 초인종 유보하고
창가 커튼에 몸을 가린다.

모란

강진에서
시를 썼다

텃밭에서
그리움 가꾼다

어디선가
본 듯

마음속에
강이 흐른다.

혹서

화생방 전쟁 중
숲속으로 피난 간 뒤

짙푸른 나무들 속에
몸 숨긴다

나무들은 아무 말 없이
깊은 사유에 빠져 있고
나만 허둥대고 있다

깊은 생각은 녹음 되고
그 속에 나는 멈춘다

녹음 바다에서 찾고자 하는
해답은 무의미한 것

나무들의 푸른 고뇌에
간담이 서늘하다.

모과

가을 깊어가는 마당 모퉁이

시든 잡초 위에

노란 모과 한 덩이 뒹굴고 있다

참외인 줄 알았는지

바람이 이리저리 굴러 본다

너도 과일이야

그냥 좀 나무에서 기다려 보지

무수히 많은 입들이

모개* 같은 놈이라 해도

나는 지금껏

죽은 듯이 참아왔어.

*모과의 사투리

길가 배롱나무

여리고 매끈해서 노심초사하다
어린 동심이 살짝만 만져도
파르르 떤다

상흔마저 잘려 버렸던 기억을 안고
문명이 오가는 길가에서

순박한 의지로
하늘을 포옹하는 너

한여름 벌겋게 화상 입으며
견디는 화려한 상처의 꽃다발

여치 울음소리에
기다림 응원해야 했기에 아프고
시린 화상 딱지를 떨구며 떨구며

나그네에게 안부 묻고
들판의 농부들에게
가을 서막을 알리며

너무도
아름다운 지킴이의 배려에
이젠 할 말이 없다

상처가 아물어 가는 일상엔
은하수 건너는 지혜와
신의 벅찬 눈물이 배여 있으니.

가을 호숫가

크고 작은 나무들은
가장행렬 준비에 바쁘고

풀벌레 전야제는
아직 무대를 치우지 못한 채

억새와 갈대는
허둥거리고만 있다

좁은 사잇길 양쪽에
코스모스는 밝게 웃으며
환영 인사 나누고

바윗돌 틈새로 노란 털머위가
멀쑥하게 서서
안절부절 못한다

개쑥부쟁이 물봉선 구절초
나름대로 멋을 부리며
빈자리를 메워가고

젖이 부른 호수는
날아가는 새들과 떠가는 구름
애타게 부르고 있다

각이 있는 벤치만
덩그러니
텅 비어 있다.

구르는 낙엽

꿈을 팔아 떠나가노니

여리고 사랑스런

파란 기백의 왕성함이

삶의 굴레를 벗어 던졌다

바람 따라나섰다가

광야를 휩쓰는 홀가분함에다

혹독한 사디즘의 자유처럼

밟히고 뒹굴어도

흩어지는 별빛의 가벼운 몸짓들만 하랴

모래알이 윤슬처럼 반짝일 때

침묵으로 네 갈 길 가는

저들의 사방천지가

비로소 그리운 고향의 노마드야!

사나이

뽐내며 우쭐하는 나무들
변비의 고통에도 말쑥하다

속내를 알아챈 바람은
아랑곳하지 않고
무심한 개울에 뒷일을 맡긴 채
온몸 흔들어 댄다

무례함과 허물로
개울은 웅덩이에 멈추어

생기 잃고
시름 거릴 때쯤

바람은 광기 어린 눈빛으로
파란 하늘 끌어다 비를 내린다

안녕하신지
눈물만큼 고맙다.

기별 없이

찬바람은 낙엽 이불 덮고
풍요의 배설물에서 나온 악행에
거센 저항으로 냉철해야 했고

우렁찬 매미의 대열 걷어차고
가녀린 생명들에게
차가운 촛불 태우며
하얀 천사들 새벽 내내
기도와 찬송으로
고달픈 대지 위로한다

상처로 신음하는 나무들
덕지덕지 딱지가 되어
방패 같은 침묵으로
아파하며 숨 고르는데
동백꽃 말 못할 사연에
냉가슴 찢어져
앙상한 가지를 염려하는 잔설
흰 꽃망울에 눈물진다

따스함을 나누지 못하고

쓸쓸하게 살아도
황혼이 남기고 간 발자국
엄중하게 지키는 충혈된 눈동자

아찔한 벼랑길에서
그대 오시는 걸음걸이에
안절부절 못한다.

고천암철새도래지에서

풍악 끝난 고천암 들녘
바람은 추위에 얼어 있고
갈대들이 호수 위에 타오르는
노을을 불멍하고 있다

연기처럼 피어나는 추억
푸드득 비상하려는 긴장감

벅참과 두려움이
불멍하는 갈대들을 깨고
바람에 흔들리고 있다

철새들이 현현顯現*하여
기호화되고 부서지고

무한의 시공에서
홀연히 펼쳐지는 저 질서
외경스러운 황홀
감당할 수 없어 눈을 감는다

암흑의 벽에 갇혀

오로지
입으로 호흡하고 있을 뿐

몸은 얼어버렸고
생각은 줄줄 땀 흘린다.

* 현현顯現; epiphany

철쭉꽃

찬바람에 낙엽 구르고
나목은 체념한 듯
서 있는 언덕배기

이미 소설이 코앞인데
계절 착각한 건지
사연 있어서인지

철쭉 군락지에
몇 송이 연분홍꽃
군데군데 피어 있다

칼바람 해독한 철쭉들
삶의 명줄 살려
철옹성 쌓고

뭣 모르고 핀 꽃들
미심쩍어
그냥 지나치려 하니

원인 모르는 병으로
세상 떠난 친구
문득 스쳐 지나간다.

흰 눈은 쌓이고

여전히 그리움은
눈발 되어 내리고

뒤척였던 지난 밤의 신열로
아침 창문 열 수가 없다

창밖에서 들리는
눈 치우는 소리
수선스럽다

몸살기가 커져
꿈과 사랑을 가꾸던 희생
추억처럼 구른다

사랑은
잔주름 사이를
내달리고

흘린 눈물
아침이 되어서도
높아지지 않는다

한 자루 호미로 김매다
허리 휜 어머니의 세월
폭신하게 깔아 놓았다.

설중매

생각할 겨를 없이

덜컥

속가슴 내주고

애태우는

책거리.

2

낙수

낙수

솥뚜껑 위에
지지미 빈대떡이
고소한 맛으로
익어갈 즈음

낙수 소리가
누군가를
노크하더니

배고픔은 이내
사랑이 되는
난타 리듬으로

비의 순간들이
어머니의
치마폭에 숨어
재롱을 떤다.

속마음

알곡은 수 싸움으로
승리를 달성하고
쭉정이는 상실감에
연신 씰룩거린다

알곡은 심한 고문 끝에
어두운 감방에 갇히고
쭉정이는 바람 따라
너른 대지 품에 안긴다

아무리 기막힌 수 쓴다 한들
알곡과 쭉정이는
키질하는 어머니를 모른다.

마음의 빗소리

비 내리는 날이면
온 동네가 평화롭다
마냥 만물이 성스럽다

농부는 일 멈추고
새들은 날개 접고
분위기에 숙연하다

앙증맞은 꽃잎에
널따란 파초
채소밭이랑 사이에
등이 휜 고목

헤아릴 수 없는
악기들이 연주해낸
난타 앙상블

한여름 밤 엄마의 무릎에서
영롱한 별들 따려는 외경처럼
신비스러운 주문

망각의 호수에 자아는
동심원 그리고, 그리고…

집에 돌아온 지금
퀵오토바이 굉음
앰블런스 두근거리는 소리
이기적인 자동차 성화 소리
교만한 TV의 숨넘어가는 뉴스…

비는 열심히 리듬 맞추려 해도
고집스러운 공연의 불협화음은
저승사자의 부름일 뿐

빗소리 환상곡은
내 마음속에
아련하건만 밖은 야단법석.

아내의 커튼

먹구름이 주변 휘감아
천둥 번개 쳐들어올 듯

방안에 갇혀 벌떡이는 심장
마지못해 책 편다

창문이 있어도
곧장 방에 갇히곤 한다

가끔씩 답답하고
터질 것 같은 불안감

조절하는 긴 커튼이
공간에 드리워져
아늑한 졸음 즐긴다

커튼은 창 너머
세상의 유혹 뿌리치고
말쑥한 차림으로
단순한 시간 반복한다

단순한 것은
복잡한 것들의 결과
수양의 화두라는 것쯤
이미 알고 있다
넘기는 책장 속에
수없이 스며든 모습도

강렬한 욕망의 불빛이나
몽환적 봄바람마저 제지하는
단순함에 불만스러운 나

폭풍우 친 지난 밤
커튼에 숨어서
편하게 깊은 잠 잤고

창가에서
환하게 웃는 아내
따사로운 햇살로
아침을 준비한다.

간이 튀어나온 놈

결혼할 때 아버지께서 큰일할 대장부에게 무거운 짐 들게 하여, 부자연스럽게 걷게 하지 말고 부엌일로 체면을 구기지 말라는 말씀이 아내에게 되돌이표가 되었는지 나를 대장부로 대해준다.

친구들과 등산 갈 때마다 나는 아내의 정성이 챙겨진 가방만 들고 나오면 된다. 속 모르는 친구들은 옷 패션이 좋다느니 준비를 잘해 왔다느니 한다. 평소에 쓰레기 처리나 집 청소는 잘하냐며, 내가 집안일에 대단한 봉사를 하고 나온 모범 가장인 양 칭찬해준다. 사실 나는 전혀 집안일과는 거리가 멀다. 그냥 남자라는 이유만으로 평범한 일상을 산다. 이런 나를 간이 밖으로 튀어나온 놈이라고 얄미운 듯한 친구가 놀리는 바람에 어리둥절했다. 처음에는 으쓱하기도 하고 농담거리로 여겼다가 별안간 맹물 같은 몇 마디에 정말 간이 튀어나온 놈은 내 자신뿐인 것을 알았다. 아내에게 미안하고 두려운 생각에 아내의 가벼운 모습과 흰 머리가 가련하게 떠올랐다.

아버지가 세상 떠난 지 오래되었건만 아내의 마음속에는 아버지가 살아 계셨고 졸장부로 살아온 나는 아버지를 잊고 있었다.

세뱃돈

소름 돋으며 새 돈 받던 시절
맹세코 넉넉지 못하고
호주머니 속에 콩알처럼 긴장하며
부스러기만 남겼을 뿐

무지개로 줄넘기하다
무릎팍이 깨져도
나무들은 박수를 쳤다

큰 돈이 각전이 되어버린 세월
추억마저 어두워진
오늘은
연도에 나온
나무들처럼 자세가 숙연하다

또 그때가 나에게 왔지

노을이 추억을 태우고
새 돈은
아무리 받아도 긴장이 없고.

고무줄

늘어나고 줄어드는 힘
그래도 길이는 여전하다

그래서 말하기를
시간은 힘이고
공간이라 하는 걸까

계절이 펼친 만화경이나
넘나들며 행복한 줄 위의 누나들
무늬가 있는 것은 느낌 뿐
심술이 동하면
잘 든 주머니칼로
끊어버린 고무줄
바람이 솟구치고 침샘은 짜릿하여
잘려도 눈을 잠시 흘기고는
다시 이어 강물처럼 가는 줄

우듬지는 촉각을 세우고
밤을 즐기지 못한 광란도
그 자체의 몸부림일 따름
돌은 줄 위에서 물끄럼하다

길이대로 흔들흔들 회초리 같아도
뻗을수록 생각은 짧다 하겠다.

아버지 주름살

나는 유년 시절 소와 함께
산골짜기를 누비며 놀았다

골짜기는 넉넉하지 못해서
비라도 조금 내리면 잡목들은
떠들썩거려도 속은 타고 있었다

바람은 고집스럽고
안개 자욱한
흙탕물이 고여 있는
깊고 작은 골짜기들

수만큼 많아지는 고뇌는
스스로 세 가는 숫자일 따름
견뎌야 하는 겨울은 봄에 더욱
혹독했고 가을은 쓸쓸했다

절름거리는 희망은
가파르고 비옥하지 못해도
푸른 의지로 골짜기를 누볐다

땀방울로 입술 적시며 초목들이
새들처럼 날아올랐고
망아지는 골짜기를 지켰다

별안간
넓은 들로 변한 골짜기들
그날은

아버지께
박사 학위 드리는 날이었다.

범사

청소기 돌려 방안 정리한 뒤
드립커피 한잔 책상 위에 올려놓고
컴퓨터 작동시켜 자판을 친다
휴지통마저 다정스럽다
유리창에 붙어 구경하는
작은 벌레도 참 반갑고 고맙다.

문제 풀이

낯선 별똥별이
갠지스강의 모래알을
은하수로 씻어 흘러가는데
돌멩이의 여울은
호수를 넘어 산으로 간다.

어느 카페에서

페르소나는 온화했고 입꼬리는 길었다

문 따라 들어오는 찬 공기에서
비린내는 허물 거리고
찻잔 속은 우주로 가득하다

속가슴 푼 은어들이
늘 헐값에 불만이 많다
커피 끓은 물거품처럼 우루루 흩어지고
오가는 눈빛은 풍경처럼 푸짐하다

벽에 박힌 그리움은
태중의 아기처럼 몸을 풀지 못한 채
흐릿한 창문만을 응시하고

흙투성이의 하얀 페르소나는
허리를 굽히고
발자국을 줍는다
금빛 조감도에 연신
카메라 셔터를 누른다

사라지고 흩어져버린
끝내 벗지 못할 것들
낮달처럼 거기에 머무르고 있다.

장마

임 떠나보내고
안절부절못하는
슬픔

삿갓 쓴 지구의
막걸리 잔처럼

오래오래
그러나
짓궂게 넘친다.

비 오는 날

장마인지 몰라도
비는 여름 심술 달래고

늘어진 숨소리로
무선 줄 당긴다

비의 평화는
나를 불러내지만

허공의 내면이 소리친다
'뭐하고 자빠졌냐!'

원초적인 사랑의 재촉에도
막연한 설렘뿐

모시옷 입고
행간을 타고 오려나

물정 모르는 나그네
마냥 기다리고 있다.

비밀번호

소풍 갈 때마다
선생님이 숨겨둔 번호

부러움과 아쉬움으로
소풍날 늘 기다려야 했다

아는 사실 숨겨두고
찾아야 하는 게임

여행 가방의 번호는
불가사의한 것처럼

망각의 늪으로 숨은 번호는
풀어내야 하는 되돌이표

숨은 번호에는
우두망찰해도

미지의 세계를 찾는
한 시인의 비밀번호.

작시

세월은
어둠으로 생각하고
그림자로 말을 건다

바람은
흔들거림으로
여행을 즐기고

나무는
우듬지로
추상화를 그린다

컴퓨터는
이리 뒤척 저리 뒤척
자는 둥 마는 둥 하고

나는
누에처럼 스스로
감아버린 자신을 보며
괴로워 한다.

메타버스

픽션은 신화여서
미지수는
늘 상상이었다

신화가 현실이 된 세상에서
아프로디테도
제우스도
친구가 되고

상상이 존재가 된 세상에서
도대체 어떤 미지수가
뫼비우스 띠 속에
갇히게 될런지.

문장들

돌 나무 물 공기 말…
무례하게 들어와 있다

모르는 것들이
꽃이 되고
문장이 될 뿐

무엇이든 간에
사람이 되어서는
무대를 설치해도
반응은 아수라였고

때론 신이 되어
모르는 세상으로
훌쩍
건너뛰곤 했었지

애끓은 용광로의 쇳물처럼
돌아와 이글거리는 탕아
며칠 밤을 하얗게
색칠만 하고 있었다.

새해

막 뜬

창호지 한 장

발랐더니

문풍지 소리를 내며

기어이

신권新券 지폐처럼

펄럭이는 굿이다.

봄은 아파도

겨울의 갈라진 틈으로
치어들의 입맛이
혹독한 눈물이 되는 시간

봄은 가난 속에 피는 꽃

땅이 쪼개지는 아픔으로
마구마구 작은 공을 쏘아 올린다

시린 아침은 여전하고
터지는 핏물이 파랗게
적실 즈음

대지는 낙엽으로 슬픔을 가리고
바람의 이야기를 불러서 듣는다

내내 어둡고
슬픔이 가슴 가득했던
피어난 꽃들은 싱글벙글

내가 가는 노을 길에는
낙엽이 낙엽을 뒤덮고 있다.

얼굴은 있는데

거울을 봐도
한번도 제대로 보지 못한 얼굴

호수의 두꺼운 살갗 위로
피어오르는 물안개처럼
고작 일곱 가지 정도

입맛 따라 간 맞춘 요리상처럼
시선을 유혹하는 TV 화면처럼

거울 앞에 선 야누스의 고민

내 얼굴은 거울을 보고 있는데
얼굴 없는 얼굴은 호수 밑바닥
속을 보고 있다.

안부

바람이 부는 날엔
바람을 상담해 보렴

두 팔 벌려 반갑게 맞이하고
안부도 묻고

낮은 자세로 경청해 주고

붉은 피처럼 하얀 피는
체온이 정상인지

그 향기로운 살결 속에
골다공증이라도 생기면

내 몸은 허공에 부는
바람이 될 테지

바람 부는 날엔
너라도 그 사람에게 가보렴.

3

그대와 나에게

그대와 나에게

시간을 잘게잘게 썰어 나에게 던져 줄까
조각조각 토막 내서 시간에게 맡길까
망설이다가 나를 생각하는 것

믿음은 너를 위해 도시를 만들었다
도마 위에 우아한 춤과 행동으로
은근슬쩍 가장한 모습은
네온처럼 휘황해도
시간은 눈물을 참고 째각거린다

무한을 마음대로 주무르는 나에게는
등잔 밑이 어두웠고
별들과 바람과 산천초목의 철권에도
골목길에서 다독이는 햇살
의기와 교만과 합리적 거짓에
도시는 온통 응급조치로 휘둘린다

근육을 키운 분신은 기세등등하고
핏기 잃은 목소리만 머뭇거린다

햇살이 엷을수록 별빛은 빛나고
숲에 든 어둠은 짐작으로 길을 만들고
바람은 싱글거리며
입술 터진 풍선처럼
나뭇가지 사이를 헤엄쳐 다닌다

폐허가 되고 목소리에 핏기가 돌면
토막 낸 도시를 잘게잘게 썰어서
사랑이 불멸하다는 것 그대에게 맡길까.

저 거미는

시간을 공간으로 만들고
시간을 사냥한다

땅 위를 걷는 시간은
관심 없다

저 거미에게는
날아다니는
작은 것들의 시간이
긴요하다

무자비한 작대기에
좌절하고
심술궂은 바람의 수작에
휘둘리고

어둠 속에서 흘린
수많은 눈물방울
잔인한 햇볕에
걸어두고

허공에 기다림이라는
엄중한 화두를
독해하고 있다

영원을 이어가려는 찰나
저 거미의 뜨개질은
거미를 만든다

시간은 나름의 것이고
나 또한 시간의 나름이다.

화이트 크리스마스

태초는 창호지로 시작되어
배고픔도 모르고 지내다가
눈을 뭉쳐 눈사람을 만들고
눈을 그리고 추위에도
입이 만들어지고…

칼바람은 잠시 머뭇거리다
털목도리 하나 감싸주고
빨간 벙어리 장갑까지 끼워주고

메리 크리스마스!
징글벨이 울려퍼진다

눈에 눈이 먼 사람들
두 팔 벌려
살포시 안아준다
세상은
다시 온기가 번져
한가득 물이 들고 있다.

새벽 별

아무도 반겨주는 이 없고
미처 끄지 못한 가로등만 탄다

널브러진 도시에 뒤늦게
도착한 별 하나

어둠이 내리면 가냘픈 꿈들에게
작은 정성 보태고자 늘 허둥대지만

젯값으로
남아있는 어둠의 찌꺼기

거두어내는
밝은 모습마저 처연하다.

기침

문을 통과하는 건 모두가 진실이다
물 마실 자리도 잠자리를 대신한다

열리고 닫히는 건 모두가 문이다
문은 너무 많고 오래 지쳐 있다

나무는 창문 없이도 하늘과 통하고
화장을 한 호숫가에 달빛으로 나가보면
어느새 햇살은 우듬지를 감았더라

행복은 하루하루 몸짓만을 키워가고
진실과 거짓은 피아를 구별 않고
밤하늘에 돋아난 별들 일없이 세는데

생각은 문을 달아
두드리고 또 두드린다
그 앞에 여닫은 것들
사람처럼 불러본다

키가 큰 아침을 일으켜 세우나니
창문 앞에 햇살 나무처럼 세우고

문들이 통과하지 못한 기침
차라리 그대로 문이 된다 하더라.

근로자대기소

반듯이 달리는 차도 위에
연신 눈은 쌓이다 녹는다

이런 날에도
기다림은 무표정하다

나무 장작 몇 개피
양철 난로에 밀어 넣고
불씨 살려서
추위 녹이는 시간
지루함에 눈이 무겁다

난로 곁에 있어도
세상은 얼어있거나
참을 수 없는 분노뿐

슬픔에 빠져
헤어날 수조차 없다

폐허가 된 가슴에다
새순 모종하고

별빛 찬란한 노마드의 꿈
휘날린 종종걸음이 무디다

인정 없는 시간이
낮달처럼
희멀거니 떠 있고

막연함이
습관처럼 대항하고 있다

옆에도 앞에도 뒤에도
일그러진 군상들뿐

어깨와 어깨 사이로
사방무늬가 되어

난로의 화력 찾아
모여들고 있다.

허기

식사 시간은
넉넉한 바람이 되어
나무들에게 길 안내 하고
지나가는 구름에게
안부 전한다

허기는 호사스러움을
좋아해서
배가 고프지 않아도

찬장을 뒤지고
냉장고를 열었다 닫았다 하며
이것저것 먹고 먹어도
멀뚱한 굴뚝이다

벗어나려는 안간힘은
속박이 되고
소실점일 뿐

자신이 자신을 설파하고
해독한 후에야

허기는 그리움에 기대여
꽃들의 웃음을 노래하고
바람의 길을 보면서

구름 벗 삼아
호숫가를
걸을 수 있었다.

눈물

헤어지니까 반갑고
싸우니까 함께하고
외로우니까 즐거운

무게를 지탱하는 힘이
두 손으로 가파르게
도르래를 풀고 있다.

술자리

축사 뛰어나온 소 떼처럼
풍요롭고 자유로운 초원에서

붉어진 축포로 용솟음치고
허공을 달통하고야
잔별들이 은하수가 된다

은하수가
소실점에 도달할 즈음
집에 돌아와

오만한 지갑을 염려하는
아내의 지극한 사랑에
할 말 잃고

샹그릴라 그리는
마음의 허전함
절름거리며 밤새 걷는다.

낯선 가을

졸음을 만나 산책길을 걷는다
가을은 처처가 부산하다
시간이 안달하는 오후

생각을 쏟아내는
파도처럼 밀어닥치고
폭죽처럼 터뜨리는
가을이 내게 말을 건넨다

기에 질려 아무 질문도 못한 채
은유는 말 없고 빈손은 엄숙하다

숨어버릴 만한 옷도 변장도 없다
저리 멋진 추억과
작품으로 써 내린 진중한 자유
동행한 바람이 허전하고 쓸쓸하다
허둥댈 뿐 한마디 못하는 나에겐
물방울 같은 허공이 불탈 뿐

차라리 시간 속에 들어가
소주 몇 잔을 재촉하고

얼굴로 들이키는 붉게 물든
가을은 언제 다시 피돌기 할까.

감히…

나무들의 축제가 한창이다
고목의 독백이
낙엽으로 뒹굴면

열연하는 나무들을
관객으로 바라보는 눈길
감상하는 시나리오
감상하는 배우로
서로에게 열광한다

순간이 순간으로
늘 한계에 부딪히는 서로는
치열하게 끼어들어
감동이고 절망일 뿐

붉게 물든 낙엽이
활강하는 시간
노을은 더욱 붉어
고뇌마저 열연이다

감상적인 반응에
박수 소리 요란한 공간
늘 안락한 관객으로
다시금 활강하는 낙엽
감히 문을 열 수가 없다.

무능

수없이
선을 긋는다

슬퍼도 기뻐도
두려워도 긋는다

사랑 핑계 삼아
긋고 또 긋는다

검은 대지 위에
선 지우는 하얀 눈

긋는 것이 있으면
지우는 것도 있다

어두운 밤 지난 아침
선이 없는 백지 한 장
펼쳐 든다

세월 앞에
마음은 떨리고

그려대던 수많은 선
걸어둘 지지대가 없다

하늘가는 구름마저도
도무지 떠받칠 수가 없다.

틈새

조그만 카페 뒷문 사이로
사프란꽃 채송화
바랜 듯한 초록 잔디밭
그네 타는 고추잠자리들
분별없이 엿보다가

액자에 갇혀 걸린 세상
앙증스런 찻잔
해독하다가

어쩔 수 없이
틈새에 갇힌 자유로

자연과 우주 사이에서
가슴이 열리고
생각이 깊어
언어가 활보하고
가슴은 먹먹한
소통을 시작한다

오독으로 이해하는 서로를
미소는 집을 짓고
틈새가 주는 틈새는
비법처럼 길을 만든다.

떨림

꽃은
벌 나비 위해 피지 않는다
바람이 사랑스럽거나
햇빛에 추위를 느낄 때
그때서야 스스로 피어난다

다람쥐가 쳇바퀴 돌리는 것은
제 무료함 때문이지
구경꾼을 위함은 아니라 생각할 때
밤톨이 떨어지는 순간순간
만물은 떨림으로 긴장을 멈추고
살아 있어도 마음이 흔들리는
죽어 있어도
서로에게 기다림이 된다는

떨림은 너에게서
기다림은 나에게서
항용 꽃이었다.

흰 구름

회색 마천루에 갇힌 놀이터
아이들의 알 수 없는 표정
넘어지고 울음 우는 아이들
낄낄대고 왁자지껄
박수치다 보면

하늘은 맑고 푸르고
흰 구름은 부풀고
사방 무늬로
펼친 자유가 상큼하다
구름도 회색 하늘에 갇히는 날
놀이터의 아이들처럼
푼수 모른 몸짓으로 허둥대련만

다행히
바람이 하늘을 달래면
흰 구름은 두둥실 파도처럼 솟는다.

벽

간혀야 숨 쉬고
기쁨도 슬픔도
거기서 맛본다

혹시 벽이 없을까
넘는 게 두렵지만
또 다른 시공이 있어서
넘는 건 다행이다

벽 속에는
호수도 바람도 있어
물결이 별빛을 세고 잔다

그리하여 우리는
내가 벽이고 벽이 나다.

반송盤松*

삿갓 쓴 나그네
근엄하게 도열하고
남녀노소 분방한 초목들
햇살 이삭 줍느라 여념이 없다
여장을 하는 건지
남장을 하는 건지
바람이 말을 걸어도
여전히 무뚝뚝하다

무슨 고민이 있는 걸까
젖 부른 모정의 기다림 곁에
삿갓 속에 숨긴 이상야릇한 궁금증

솜사탕의 꿈
버섯구름
날고 있는 우주선…

새들도 깃들지 못한
저 근엄함이
누군가의 손을 잡는 시간이다.

*소나무 일종

이월

집을 에워싸고 위협했던 쇠창살이
차그락 차그락 거둬지고
숨소리마저 가두어 둔 비닐 창이
벗겨져 나부낀다

끈질긴 잔설은 햇살에 아픈 듯
골목마다 거친 숨을 몰아 쉬며
허둥지둥 부산스럽다

명암이 분명해질수록
웃음 섞인 울음
흐느끼는 슬픔이
화음이 되어
나의 손뼉에 부딪친다

마음속 갈등을 움직이는 여유
또 다른 마음이 내 속에 있는 걸까

고통스런 아침은 찬란한 황혼
기다리는 희망일까

상흔의 목발로
절름절름 걸어가는 2월
세월의 뒷모습을 바라보며
황혼은 아침을 맞이한다.

직시

강물에 떠 있는
새벽은
아버지의 노을

하늘에 흐르는
노을은
어머니의 새벽

언제
어디서나
대낮은 나.

화두

언제
어디서나
모두에게
그리고
그들에게만
딱 맞는

아무도
모르는
신의 영역

정답을
아는 건
죄가 아닐까.

4

옷을 벗고

옷을 벗고

추위는 두꺼운 옷을 벗는다

구깃구깃한 옷가지 너머로
망사 커튼은 아직 창문을 가리고
기다림은 부끄러움으로 어색한 듯
벽에 기댄 인형마저 화장을 고치고
부푼 가슴 달래며 향기에 젖는다

물 머금은 세포는 메마른 잎으로
가지 못하고 꽃잎 한 장 한 장마다
슬픈 사랑을 고백한다

비단실 햇살에 신기루는
대리석 기둥으로 우뚝 서 있고
창문에 있던 실루엣은 점점 멀리
산마루에서 힐끗힐끗 되돌아보며
정상을 오른다

벗어 놓은 옷들이
물에 흠뻑 젖을 즈음
후련한 고통에

허물로 피는 미소는
물고기 비늘처럼 가지런할 뿐

어젯밤에 벗어둔 옷들이
아침을 기다리고
아침은 옷들의 이야기를 쓰고 있다.

희열

엄마의 사랑은 늘 바빠서
아무 엄두도 못내고 핑계 삼아
컴퓨터는 아빠에 몰입하여
희죽거리고 있을 즈음

어린 아들의 장난감은
일상이 싫증이 난 듯
애지중지하던 도자기 화병을
빙빙 돌다가 천둥 번개를 쳤다

난처한 모습으로
석상이 된 아빠
안절부절못하고
빗자루처럼 허덕이던
엄마의 못마땅한 조바심

아들의 호수에는
도자기가 만든 동심원이
아름답게 미소 짓고 있었다.

의자

너의 표정에는 내가 있어
내가 이독理讀할 수 없는 모습

잡동사니 쇳물로 만든
주물의 재료들이 숨어있어

나의 과거들이 녹아 밖으로 튀어나오고
불안한 사랑이 잠들어 있거든

기어이 바꾸고 말겠다는
거래하고 있는 장부에 박힌
고독한 어두움에

후회하는
침묵이 빗방울로 흘러내려

너의 표정에서

거스름

제방이 무너져오는
창문 틈으로
찬 공기는
물벼락처럼 쳐들어오고

풍선 같은 생각은
환관처럼 꾸물꾸물
가랑이 사이에서
내쫓기는 침대 밑의 사단은
창호지가 너덜거리는
지난 저녁의 일과 마찬가지였다

따뜻한 품 안에서
핑계 삼은 어둠을
활보하던 지식이나
칼 쓰던 판단이
뿜어낸 방귀처럼
얄궂게 시끄럽다

콧등을 찡그리고
창문을 여닫고

이마가 밖을 소통할 즈음
추위에 떨던 물고기들이
거품을 거두고
푸드덕푸드덕 솟구친다

그래, 그래야지
이제야 긴 숨을 들이쉴 수가

운명대로

물은 밑으로 밑으로 흘러서
바다로 어떻게든 가려 하고
연어는 강물을 힘차게 거슬러
어떻게든 올라간다

가는 데로 어떻게든
연어처럼 하늘로 간 바다는
제 운명대로

얼마나 억울했는지
갇혀있는 강물은
시름시름 거리다
해골바가지가 되어
눈동자 없는 두 눈만
허우적거리고

나그네 따라나선 강물
펄럭이는 깃발대로
바다를 외면하고
저수지로 간다

고민

어둠은
모래알들의 뒤척임에
잠들지 못한 채
젖빛 하늘을 찢어서
창가에 매달아 둔다
눈으로 들어오는
물안개처럼 사라진 하루
진통제처럼
어둠은 다시 하루를 만든다.

수건걸이에는

두루미와 비둘기
단정히 앉아 있다

하찮은 일들이 얼룩지고
사랑이 절룩거리면
비둘기는
흠뻑 젖어 허우적거린다

일부러 두루미가 나서면
바쁜 손을 총총히 움직여
눈빛이 사랑을 날리곤 한다

먼지를 몰고 오는 바람이
큰 날개 두루미가 되어
폭포수에 젖어버린 잡념들을
말끔히 거두어 말리고 있다

반성

가두어 두면
졸도해 버릴까 봐
잠깐씩

수없이 빽빽한
거울 숲
거닐며

밝은 창가에서
번쩍
어둠 속에서
또 한 번 번쩍.

첨탑

공중이 뾰족하다
서슬 퍼런 바람개비는
창공을 돌다 말고

하늘 보고 자란
우듬지랑 키재기한다

송곳에 찔려도
가위에 잘려도
바람에 흔들려도
끄떡없고

일어서야 하고
기어코 찔러야 하는
높고 날카로운 침묵뿐

집중이 모아져
아우성치는 저 기상
하늘이 위태롭다.

코로나 유감

만남으로 세월은 흐릅니다
낙엽이 지고 잎이 납니다
해가 지고 별이 뜹니다
세월이 메마르고 있습니다

그리움으로 시간은 분주합니다
봄이 오고 가을이 가도
그저 황량한 정지입니다

함께 있지 못한 상실감은
만남도 그리움도 점 되어
허공으로 날아갑니다
기다림이 슬퍼집니다
한상차림이 두렵기만 합니다

오늘 밤도 장작불 피워
구들장을 달구어 둡니다.

세밑 산행

우울한 연말
내키지 않는 날씨
기가 질린 다리 이끌고
오랜만에 씩씩거리며
산에 오른다

내뿜는 매연의 힘으로
무등산 서석대에 올라
상고대 선경 맞이한다

자유로운 마음
백지에 쓰인 무표의 문장
해독하려다 못하고
외마디 내지른다

색깔로 뒤범벅되어 그려진 삶
하얀 캔버스에 투영되면서
원초적인 시간에
황홀한 생각들이
세월 더듬고 있다

시간의 캔버스에
어떤 구도와 색으로
삶의 그림 그렸는지

어쩔 수 없는 욕구로
세월에 당황하고
수많은 땀으로 이룬 작품들

위로하며 다른 세상 기다리고
새로운 주제에 대한
경이로운 희망 바라보다
생각은 추위에 떨고 있다

공간과 세월은
나를 반복하고
나만 새로울 따름이다.

신천지

칠흑 같은 어둠이
피땀으로 영글어진 희망
갈아 삼키며 야단법석을 떤다

기세등등한 어둠으로
빛이 뜨지 못할 것 같은
조바심에 정갈한 양심들

눈송이가 되어
무서운 칼날에
스러지고 또 스러지니

어둠은 결국 기가 질려
옴싹달싹 못하고
겨우 흰 종이 한 장 남겨둔다

어둠 속에서 헤매다
욕망의 노예가 된
가련한 영혼들

서둘러 세례 성찬 끝내고
가벼운 발걸음으로
순수 위를 걷고 있다

노파심이 살아나
점점 무거워지는 발걸음

어둠 속에 내리는
저 눈송이처럼
범주화된 시공
넘어갈 수 있으랴

변해 버린 저 벌판에
한 마리 검둥개
아침을 열어
절룩절룩 뛰어가고 있다.

감옥 도시

새가 부딪쳐 낙하하는 사고에
구급차 사이렌 소리 요란하다

잿물마저 말라버린 골짜기
별들까지 사라진 하늘을 보며

바람의 애끓은 하소연에도
안절부절못하는 도시

마천루 곁에 강물 숨기고
울타리로 숲 가둔 채

몰래 즐기는 긴장감 속에
아침 인사도 못 하는 얼굴들

장난감에게 지혜 부탁하는 욕망
저리 구름을 유혹하고 있다.

폐타이어

자동차 타이어 네 짝
욕망의 화신에 내팽개쳐질 때
산더미로 쌓여가는 신세

그토록 오지게 오랫동안
무자비하게 착취당하고
죽지도 못하고 엎디어 있는
잔인한 운명이 아우성 되어
번개쳐도 천둥소리 없다

갚아야 할 엄청난 빚
어떻게 상환해야 할지
대책 없는 이기심은
산불처럼 번져가고
신용불량자로 전락한 채
먼 하늘 쳐다보고 있다.

그들의 그림자

8월의 무더운 공기는
매미의 울음소리에
더할 나위 없이
희망찬 분수물이 된다

쏘아대는 화살을
우듬지로 막아내는
저 아슬아슬한 나무 아래서

노인은
애끓은 아리아나 합창에
지긋이 눈감고
지팡이로 그림자를 더듬어
두드리고 두드린다

그림자는
서서히 움직이다가
신나게 춤추고
바람은 그림자 흔들어 댄다

그림자가 흔들려도
나무는 미동하지 않고
매미의 마지막 콘서트가
더욱 깊어져 정지에 닿을 즈음
노인은 긴 한숨 몰아쉰다

노인의 그림자는
매미의 단전호흡 타고
구름 너머 노을로 피어오른다

어둠이 깊어갈수록
그림자는 짙어지고
노을이 사라진 하늘가

매미의 절규가
좀처럼 끝나지 않는다,

자화상을 그리다

허공에
덧칠, 칼질, 덧칠, 칼질...

깊게 패인 상흔
피고름으로 신음하더라니

삐걱대는 수레바퀴의 긴 한숨
이윽고 그림자가 되다.

우후죽순

희망으로 뛰어든 강물
악어의 눈에 잡힌 누는
비명으로 안녕을 고한다

다시 강을 건너야 하는 운명
악어는 군침을 삼킨다

누 떼는 강을 건너야 하고
건너기 위해 태어난 고행

대나무 잎새에
빗물로 흐른다.

과유불급

추워도 내복 입지 아니하고
걸어도 신발은 늘 말쑥하다

먹고 마셔도
씻을 생각은 없고

근육도 없는 몸으로
어디든 마냥 달려 간다

별과 달은 눈곱으로 보이질 않고
지렁이는 살던 터전을 빼앗기고

바람과 강물은
제 갈 길 못 간다

초목들은 자유를 잃고
한 자리 차지하고 서 있다

지평선에 얼룩 같은 사물들
요리상처럼 진설해 놓고

마천루를 찍어낸
무늬 속에서

열정은 강물을 화나게 하고
북극곰을 슬프게 한다.

홍수

어느 날
비가 말을 걸었다

왜 이렇게 이기적인 곳에서
행복해 하냐고

대지는 감옥
헐떡거리는 가녀린 심장 소리
배려는 더욱 참혹한 아우성
사랑을 저항하는 옹고집

깜짝 놀라서
어이없어서
얼굴이 화끈거릴 수밖에

손을 들어 반기는 나무들 보다가
매끈한 도로에 피 터지고
분노할 수밖에

호숫가로 달려가 봐도
연민과 죄송함에 참을 수 없어

울어 버릴 수밖에

기어이
어쩔 수 없었노라고.

눈길

허공은 은유를 불러
흰 눈으로 써 내린다

흘려 쓴 사연들이
천방지방을 내려오고
추위에 지친 나무들은
숨죽여 세상을
귀 기울이고 있다

잠 못 이룬 밤의 상흔들
그림자에 묻어두고
길 없는 흰 눈을
발자국은 발자국에 흩어지고
은유는 단순하지만
색깔로 여울진 생각은
낮달로 떠서
엉금엉금 멀뚱거린다

허공이 성큼성큼
바람을 손짓한다
고뇌 깊은 탓인지

여전히 나무들은
말짱한 대낮에도
땀을 뻘뻘 흘리고 있다.

소나기

별안간 후두둑
온몸 때리다

하늘 향해
용솟음치던 희망

대책 없이
누각에 걸터앉는다.

|평설|

언어 융합을 통한 참신한 서정의 노래

-이남근 시집 『벽 속의 그리움』

백 수 인
(시인, 문학평론가)

문학은 언어 예술이다. 시, 소설, 수필 등 여러 문학 장르 중에서 시라는 형식이 지니는 언어는 가장 특별하다. '시의 언어'는 소통을 위한 일상 언어에서 거리가 가장 먼 곳에 위치하기 때문이다. '시적 언어'의 가장 큰 특징은 비유의 언어라는 데에 있다. 비유를 통한 언어 표현은 미묘한 시적 사유의 맛을 가져다 준다. 그래서 시에서의 비유는 항상 참신성을 지향하기 마련이다.

가령 흔히 쓰는 "앵두 같은 입술"이라는 표현은 아름다운 입술에 대한 비유의 언어이다. '입술'에 '앵두'를 빗대어 표현한 것이다. 두 사물 '입술'과 '앵두'는 유사성을 통해 각기 지니는 서정성이 결합한 것이다. 이러한 비유를 처음 사용했을 때에는 그 착상이 매우 기발하여 참신성이 뛰어났다고 평가받았을 것이다. 그러나 이러한 비유를 관용으로 쓰다 보니 두 사물의 유사성이 너무 크게 되어 시적 긴장을 맛볼 수 없게 되었다. 이제는 이 비유는 관습화되어서 비유 효과가 감소되어 죽은 은유가 되어버리고 말았다.

따라서 현대에서는 유사성이나 동일성이 강조되는 비유는 대체로 참신성이 쉽게 상실되기 쉬워서 단순 은유를 지양하고 확장 은유, 액자식 은유, 나아가서는 병치 은유를 지향하게 된다. 현대시에서는 "원관념과 보조관념 사이의 동일성이 희박할수록 좋은 시"라는 인식이 확산하고 있다. 이러한 비동일성이 강조되는 비유는 한 마디로 '언어의 융합'에 의해 빚어지는 이미지와 그 이미지가 뿜어내는 참신하고 독창적인 시적 정서를 드러내는 효과를 갖는다.

이러한 측면에서 이남근 시인은 사물과 사물, 사물과 관념, 관념과 관념의 언어들을 매우 참신하고 자유롭게 결합함으로써 새롭고 기발한 시적 정서를 함유하도록 언어를 직조하는 특성을 드러내고 있다.

> 혀를 내밀어
> 어미의 먹이 기다리는
> 갈망의 언어
>
> 간밤 달빛의 애타는 사랑과
> 별들의 꿈이
> 이지러지는 시공 속
>
> 호기심은 어린 치어로
> 어미의 아가미에

생을 맡기고

블랙홀처럼
껍데기를 날려버리고
의미만을 빨아들여

광대 무한한 우주를 향한 일상에서
지옥문을 통과하는 고행으로
태어난 아포리즘.

-「찻잎」 전문

이 시에서 '찻잎'은 '언어'로 치환된다. 즉, '찻잎'이라는 사물은 '언어', 그것도 '갈망의 언어'가 된다. 그 갈망은 "혀를 내밀어 / 어미의 먹이를 기다리는" 모습으로 형상화 된다. '찻잎'과 '언어' 사이에 '혀'라는 매개를 통해 결합된 비유이다. 언어가 된 '찻잎'이 존재하는 환경은 "간밤 달빛의 애타는 사랑과 / 별들의 꿈이 / 이지러지는 시공 속"이다. 이 시에서 '호기심'이라는 관념은 '어린 치어'로 사물화되어 있다. '어린 치어'가 된 '호기심'은 '어미의 아가미'에 자신의 '생을 맡기고' '블랙홀처럼 / 껍데기는 날려버리고 / 의미만을 빨아들'인다. 그리하여 "지옥문을 통과하는 고행으로 / 태어난 아포리즘"이 된다.

다시 말하면 이러한 과정을 거친 '찻잎'은 '언어'가 되고, 언어 중에서도 "깊은 진리를 간결하며 압축된 형식으로 표현한 짧은 글"인 '아포리즘'으로 태어난 것이다. '찻잎'의 모습에서 '혀'를 연상하고, '혀'가 '언어'로, '언어'가 '아포리즘'

으로 변환하는 과정을 보여주는 작품이다. 이 과정에서 '달빛', '사랑', '별', '꿈', '호기심', '치어', '블랙홀', '껍데기', '의미', '우주', '지옥문', '고행' 등의 사물과 관념들이 환기하는 시적 서정이 결합되어 나타난다.

자동차 타이어 네 짝
욕망의 화신에 내팽개쳐질 때
산더미로 쌓여가는 신세

그토록 오지게 오랫동안
무자비하게 착취당하고
죽지도 못하고 엎디어 있는
잔인한 운명이 아우성 되어
번개쳐도 천둥소리 없다

갚아야 할 엄청난 빚
어떻게 상환해야 할지
대책 없는 이기심은
산불처럼 번져가고
신용불량자로 전락한 채
먼 하늘 쳐다보고 있다.

-「폐타이어」 전문

이 작품에서 '폐타이어'는 어려운 처지에 처해 있는 한 인간으로 의인화 되어 있다. 이 시에 등장하는 "자동차 타이어 네 짝"은 수많은 시간을 통해 자동차 주인을 위해 온몸을 바쳐왔지만 닳고 닳아 더 이상 쓸모가 없어져 "내팽개쳐질 때

/ 산더미로 쌓여가는 신세"가 된다.

그는 "그토록 오지게 오랫동안 / 무자비하게 착취당하고 / 죽지도 못하고 엎디어있는 / 잔인한 운명"에 놓여 있다. "갚아야 할 엄청난 빚"에 상환할 방법을 찾을 수 없어 결국 "신용불량자로 전락한 채 / 먼 하늘 쳐다보고" 있는 암울한 상황에 처하게 된다. 이 시는 "폐타이어"를 "무자비하게 착취당"한 한 인간에 비유하여, 그러한 운명에 처한 비참함을 형상화했다.

이러한 형상화에는 '욕망', '무자비', '잔인함', '이기심' 등의 관념과 '산더미', '번개', '천둥', '산불', '신용불량자', '하늘' 등의 이미지가 결합되어 있음을 볼 수 있다.

이남근 시인의 우주를 바라보는 시각은 매우 다양하고 특별하다. 가령 '시간'에 대한 그의 시적 인식을 들 수 있다.

> 시간을 잘게잘게 썰어 나에게 던져 줄까
> 조각조각 토막 내서 시간에게 맡길까
> 망설이다가 나를 생각하는 것
>
> 믿음은 너를 위해 도시를 만들었다
> 도마 위에 우아한 춤과 행동으로
> 은근슬쩍 가장한 모습은
> 네온처럼 휘황해도
> 시간은 눈물을 참고 째각거린다

-「그대와 나에게」 중에서

식사 시간은
넉넉한 바람이 되어
나무들에게 길 안내 하고
지나가는 구름에게
안부 전한다
-「허기」 중에서

색깔로 뒤범벅되어 그려진 삶
하얀 캔버스에 투영되면서
원초적인 시간에
황홀한 생각들이
세월 더듬고 있다

시간의 캔버스에
어떤 구도와 색으로
삶의 그림 그렸는지

-「세밀 산행」 중에서

지금까지 시간에 대한 철학적 접근은 지속되어 왔지만 여전히 과학과 인간 상상력의 다양한 영역에서 고찰되고 있는 복합적인 주제 가운데 하나로 여기고 있다. 일반적으로 시간을 어떤 행위나 사건이 발생하는 일정한 동안, 또는 그러한 행위나 사건들의 연쇄를 재현하는 하나의 차원으로 이해한다. 일찍이 성 어거스틴이 시간을 "인간의 정신이 경험하는 하나의 환영적인 산물"로 정의한 바 있다.

이남근 시인은 이러한 시간에 대한 나름의 인식을 시를 통해 드러내고 있다. 그는 「그대와 나에게」에서 보는 것처럼 시간을 “잘게잘게 썰어 나에게 던져 줄” 수 있는 존재로 인식하고 있다. 그에게 있어 시간은 “도마 위에 우아한 춤과 행동으로 / 은근슬쩍 가장한 모습은 / 네온처럼 휘황해도” “눈물을 참고 째각거”리는 물상으로 나타난다.

「허기」에서는 ‘식사 시간’이라는 특정한 경우이지만 ‘시간’이라는 관념이 ‘바람’으로 치환되고, 바람은 다시 의인화되어 “나무들에게 길 안내 하고 / 지나가는 구름에게 / 안부 전”하는 행위를 한다. 이 시에서의 시간의 존재는 ‘바람’, ‘나무’, ‘구름’과 병립하는 물상이다. 그래서 시간은 ‘길 안내’를 하거나 ‘안부’를 전하는 행위를 한다.

「세밑 산행」에서의 시간은 ‘캔버스’로 사물화되어 있다. “색깔로 뒤범벅되어 그려진 삶”이 ‘캔버스’라는 시간에 투영된다. ‘하얀 캔버스’는 ‘원초적인 시간’이다. 거기에서 ‘황홀한 생각들이’ 세월을 더듬는다. 즉, “어떤 구도와 색으로 / 삶의 그림 그렸는지”를 더듬는 행위가 궁극적으로 화자의 ‘세밑 산행’이다.

그의 공간에 대한 시적 인식도 마찬가지로 드러난다.

> 페르소나는 온화했고 입꼬리는 길었다
>
> 문 따라 들어오는 찬 공기에서
> 비린내는 허물거리고
> 찻잔 속은 우주로 가득하다
>
> 속가슴 푼 은어들이
> 늘 헐값에 불만이 많다

커피 끓은 물거품처럼 우루루 흩어지고
오가는 눈빛은 풍경처럼 푸징하다

벽에 박힌 그리움은
태중의 아기처럼 몸을 풀지 못한 채
흐릿한 창문만을 응시하고

흙투성이의 하얀 페르소나는
허리를 굽히고
발자국을 줍는다
금빛 조감도에 연신
카메라 셔터를 누른다

사라지고 흩어져버린
끝내 벗지 못할 것들
낮달처럼 거기에 머무르고 있다.

-「어느 카페에서」 전문

이 시에는 '카페'라는 공간에서 만난 감정을 담았다. 이 카페에서 만난 '페르소나'의 표정은 '온화'하다. 그리고 '입꼬리'가 긴 모습이다. 한편 "흙투성이의 하얀 페르소나는 / 허리를 굽히고 / 발자국을 줍는" 행위를 한다. '발자국'은 걸음의 흔적으로서의 공간을 의미한다. '페르소나'의 속성은 인간의 '탈(가면)'이라는 측면에서 보면 연극적 행위로 해석된다.

이 시에서의 공간에 대한 화자의 인식은 공간의 무한한 확산에 방점이 찍힌다. '문 따라 들어오는 찬 공기'와 거기

허물거리는 '비린내'라는 상황에서 "찻잔 속은 우주로 가득하다"는 걸 인식한다. '찻잔'이라는 아주 작은 공간에서 광대한 '우주' 공간을 인식하는 것이다. 화자가 만난 '카페'라는 작은 공간은 '찻잔'을 통해 광대무변한 '우주'와 소통하고 있다. 그렇지만 "사라지고 흩어져버린 / 끝내 벗지 못할 것들"은 그 '카페'라는 공간에 '낮달처럼' 머무르고 있는 것이다.

새가 부딪쳐 낙하하는 사고에
구급차 사이렌 소리 요란하다

잿물마저 말라버린 골짜기
별들까지 사라진 하늘을 보며

바람의 애끓은 하소연에도
안절부절못하는 도시

마천루 곁에 강물 숨기고
울타리로 숲 가둔 채

몰래 즐기는 긴장감 속에
아침 인사도 못 하는 얼굴들

장난감에게 지혜 부탁하는 욕망
저리 구름을 유혹하고 있다.

-「감옥 도시」 전문

「감옥 도시」는 제목에서부터 도시를 감옥으로 은유하고 있다. 텍스트에는 '도시'를 '감옥'으로 인식하는 요소들이 서술되어 있다. 도시의 공간에는 "잿물마저 말라버린 골짜기"가 있고, 그 공간은 "별들까지 사라진 하늘" 아래 위치해 있다. "새가 부딪쳐 낙하하는 사고"에 "구급차 사이렌 소리"가 요란하다. '강물'은 하늘 높이 솟은 '마천루' 같은 아파트 숲에 숨겨져 보이지 않고, '숲'은 '울타리'에 갇혀있다. "바람의 애끓은 하소연에도 / 안절부절못하는 도시"가 되었다. 이 도시 공간엔 "아침 인사도 못 하는 얼굴들"이 수감되어 있다.

시인은 이처럼 탈자연화, 비인간화로 치닫고 있는 현대의 문명에 대해 도시 공간을 내세워 비판적 시선을 던지고 있는 것이다.

공중이 뾰족하다
서슬 퍼런 바람개비는
창공을 돌다 말고

하늘 보고 자란
우듬지랑 키재기한다

송곳에 찔려도
가위에 잘려도
바람에 흔들려도
끄떡없고

일어서야 하고

기어코 찔러야 하는
높고 날카로운 침묵뿐

집중이 모아져
아우성치는 저 기상
하늘이 위태롭다.

-「첨탑」 전문

'첨탑'이란 글자 그대로는 '꼭대기가 뾰족한 탑'을 말하지만 교회당이나 성당, 이슬람사원 등 종교 건축을 의미한다. 따라서 '첨탑'은 현대 종교를 상징한다고 볼 수 있다.

이 시에 나타난 공간 의식은 수직이다. "공중이 뾰족하다"는 표현처럼 '첨탑'은 공중 자체를 뾰족하게 인식하게 한다. '첨탑'은 "서슬 퍼런 바람개비"이다. '서슬'은 "강하고 날카로운 기세"를 상징한다. 인간에 의해 세워진 '첨탑'은 그 기세로 "하늘 보고 자란" 자연이 키운 나무의 "우듬지랑 키재기"를 하는 것이다. 이제 '첨탑'은 "송곳에 찔려도 / 가위에 잘려도 / 바람에 흔들려도 / 끄떡없"는 존재가 되었다.

'첨탑'은 "높고 날카로운 침묵"이다. 그 침묵의 '첨탑'에게 주어진 임무는 오로지 "일어서야 하고 / 기어코 찔러야 하는" 것이다. 그래서 화자는 "집중이 모아져 / 아우성치는" '첨탑'의 기상을 보고 "하늘이 위태롭다."고 우려한다. 시인은 '첨탑'이 가진 수직 공간의 뾰족함을 통해 현대 종교들의 세력 확장 등에 대한 비판적 자세를 보여 주고 있다. 이러한 이남근 시인의 비판 의식은 다른 시에서도 종종 볼 수 있다. 그중 한 편을 보자.

반듯이 달리는 차도 위에
연신 눈은 쌓이다 녹는다

이런 날에도
기다림은 무표정하다

나무 장작 몇 개피
양철 난로에 밀어 넣고
불씨 살려서
추위 녹이는 시간
지루함에 눈이 무겁다

난로 곁에 있어도
세상은 얼어있거나
참을 수 없는 분노뿐

슬픔에 빠져
헤어날 수조차 없다

폐허가 된 가슴에다
새순 모종하고
별빛 찬란한 노마드의 꿈
휘날린 종종걸음이 무디다

인정 없는 시간이
낮달처럼
희멀거니 떠 있고

막연함이
습관처럼 대항하고 있다

옆에도 앞에도 뒤에도
일그러진 군상들뿐

어깨와 어깨 사이로
사방무늬가 되어

난로의 화력 찾아
모여들고 있다.

-「근로자대기소」 전문

'근로자대기소'는 '인력사무소', '인력소개소'로도 불리는 일용노동자들이 일을 찾아 대기하는 공간이다. 이 '근로자대기소'는 전국 곳곳에 흔히 볼 수 있는 인력영업소이다. 이들은 일자리를 찾고 있는 노동자들에게 노동 현장을 알선하여 하루 임금의 몇 할을 소개비로 받고 있다. 이 시는 추운 겨울의 '근로자대기소'의 모습을 담담하게 시적 시각으로 묘사하고 있다.

이 시의 시간적 상황은 "반듯이 달리는 차도 위에 / 연신 눈은 쌓이다 녹는" 겨울날이다. 추운 겨울날에도 노동자들의 '기다림'은 일상이어서 '무표정'일 따름이다. 그러나 추위를 녹이며 일자리 배당을 기다리는 노동자에게는 "지루함에 눈이 무겁다"는 것이다. 그들은 뜨거운 난로 곁에 있지만 "세상은 얼어 있"고, 가슴에는 "참을 수 없는 분노"와 "혜

어날 수조차 없”는 슬픔으로 가득하다. 이런 상황에서도 노동자는 “폐허가 된 가슴에다” 새순을 모종하듯 희망을 심는다. 즉 “별빛 찬란한 노마드의 꿈”을 꾸는 것이다. ‘노마드’란 “들뢰즈에 의해 철학적 의미를 부여받은 말로, 특정한 가치와 삶의 방식에 얽매이지 않고 끊임없이 자기 자신을 바꾸어 나가며 창조적으로 사는 인간형”을 가리킨다. 즉 노동자들은 어렵고 힘든 현실 속에서도 자유롭고 창조적인 삶을 희구하고 있는 것이다.

그러나 노동자들의 지루한 기다림은 “막연함이 / 습관처럼 대항”하고 있을 뿐이다. “옆에도 앞에도 뒤에도 / 일그러진 군상들뿐”이고 이 모습은 자화상이기도 하다. 이러한 모습은 노동자들의 “어깨와 어깨 사이로 / 사방무늬가” 된다. 부당한 것에 대한 분노를 터뜨리지 못할 때, 굴욕을 당했다고 느낄 때, 삶이 모욕적이라 느낀 순간들에 항의하지 않았을 때 개인을 사로잡는 무력감이 ‘사방무늬’의 환영으로 드러난다. ‘근로자대기소’에는 수많은 하층민인 노동자들이 “난로의 화력 찾아 / 모여들고 있다.”는 것이다. 이처럼 이 시는 현실 사회의 불평등을 ‘근로자대기소’라는 공간을 통해 보여주고 있다.

현대시에서 비유의 첨단은 언어의 융합이다. 언어의 융합이란 각기 다른 의미와 다른 느낌을 가진 단어들이 비유의 프레임을 통해 결합하여 전혀 새로운 의미와 정서를 표출하게 하는 수사 방식을 이른다. 언어 융합의 핵심은 다소 이질적인 사물이나 관념들을 나타내는 시어들이 돌연히 결합하는 것이다. 이 돌연성이 시적 긴장을 일으켜서 깊고 참신한 시적 울림을 주는 것이다. 이남근 시인의 시는 대체로 이러한 언어 융합 방식의 비유를 통해 참신한 이미지나 서정성을 도출해내는 것이 특징이다.

그는 시를 쓰는 일을 '세월', '바람', '나무', '컴퓨터'와 '나' 자신이 병치되어 있는 세상에서 자신의 '괴로워'하는 몸짓으로 파악하고 있다.(「작시」) '세월'은 '어둠'으로 '생각'하고 '그림자'로 대화를 한다. '바람'은 '흔들거림으로 여행을' 즐긴다. '나무'는 자신의 '우듬지'로 '추상화'를 그린다. '컴퓨터'는 뒤척거리며 잠 못 이루고 있다. 이처럼 자신과 병립된 존재들은 갖가지 서로 다른 행위로 삶을 영위하고 있는 가운데 시인 자신은 '누에처럼 감아버린' 자아의 모습에 '괴로워하'고 있다. 그는 이 일을 시작 행위라고 여기고 있다.